Spiritual Culture
青心文化

在阅读中疗愈·在疗愈中成长

READING & HEALING & GROWING

扫码获取《理性分手》专业音频讲解,
加入阅读陪伴社群,实现高效精读!

理性分手

Conscious Uncoupling

[美] 凯瑟琳·伍德沃德·托马斯 著

陶张欢 译

中国青年出版社

《理性分手》好评

凯瑟琳·伍德沃德·托马斯带来了一种温和但相当有力的方法,处理原本可能非常痛苦的经历。通过理性地(有意识地)分手,我们可以将最深的失望转变为从悲伤到平静的神圣旅程。

——玛丽安·威廉姆森

《纽约时报》畅销书《回归爱》作者

分手期间——通常是引发我们内心最糟部分的一段时期——凯瑟琳·伍德沃德·托马斯手把手地带领我们,帮助我们以"最契合内心最高与最佳部分"的方式生活。带着令人惊讶的清晰与深度,她将你灵魂中的碎片取走,支持着你终结你们的关系,让那些你所担忧的事以这样一种方式离开你——完整、圆满而非破碎损毁。毫无疑问,我爱这本书!

——玛茜·施默弗

《纽约时报》畅销书《快乐不用理由》作者

《理性分手》温和且慈悲地引导你克服分手的痛苦，并利用其转化和丰富你的整个人生。凯瑟琳·伍德沃德·托马斯所提供的方法（步骤）将帮助你让心重新变得完整，而且也会确保一切复杂的关系都有一个积极的、充满希望的未来。这是一本颠覆传统的书——它保证可以改善我们通常的分手方式。

——约翰·格雷

《纽约时报》畅销书《男人来自火星，女人来自金星》作者

本书中有如此之多的智慧、感情和幽默，你会想枕着它入眠。凯瑟琳所传授的方法货真价实——你将直接看到这一点，并为在这条道路上有这样一位朋友而深深动容。作者历经多年的深入探索，让《理性分手》一书中充满了关于头脑、心灵、身体以及与之相关的智慧。这正是你一直在寻找的书，它将引导你通往真正的自由。我爱这本书！

——卡斯特林·汉德里克斯博士

《纽约时报》畅销书《清醒的爱》和《从此清醒地爱》作者

在《理性分手》之前，没有一份指南可以引导我们，将分手的痛苦转变为重新创造更好人生的真正机会。现在，感谢凯瑟琳·伍德沃德·托马斯才华横溢且文笔优美的宣言——任何正在经历关系结束之人，不仅都有机会疗愈心痛，而且可以将个人的人际关系（以及由此而来的人类的关系）发展到一个新的层面。凯瑟琳带着她颇具特色的智慧与深深的慈悲，分享了她经过检验的五步程序，这将引导你度过（分手的）暴风骤雨，走向更美好的未来——比你可能想象过的未来更加充满希望。

——克莱尔·扎米特

"女性力量"网站创始人

凯瑟琳·伍德沃德·托马斯是我的人际关系导师。她的智慧和引领帮助我清除了一切通往浪漫自由的障碍。《理性分手》将帮助你领会"原谅"的真正含义，并恢复你对爱的信心。

——卡布瑞拉·伯恩斯坦

《纽约时报》畅销书《奇迹时刻》作者

《理性分手》是一个有力且颇具开创性的进程，它提供了一条已被证明的道路，可以让人从心碎的毁灭性打击中得到疗愈，重归完整。凯瑟琳·伍德沃德·托马斯拥有数十年疗愈师的经验以及她个人的离异故事，这让她得以揭示回归爱、自由与快乐人生的转型步骤。

——阿丽尔·福特

畅销书《灵魂伴侣的秘密》作者

《理性分手》一书呈现了一个理智且非常有益的五步法，将分手的悲剧转变为一个新的、健康的开始，而非持续溃烂的创伤。

——约翰·高特曼

《婚姻成功的七大守则》作者

这是一本现代分手必读之作。

——Goop.com

托马斯证明了她自己富有同情心，在情感上能够与失去爱的痛苦共鸣。她的知识、眼界和清晰的教学，对很多人（包括我自己）来说，始终代表着鼓励与疗愈。在我们穿过那往往令人屡弱的分手和（关系）结束的领地之时，她那先知般的洞察力，以及温和但毫不动摇、领先且适用的引导，始终与我们携手并进。

——阿兰尼斯·莫莉塞特

在《理性分手》中，凯瑟琳·伍德沃德·托马斯创作了明确的蓝图，引导我们去完善一段关系，在某种程度上让每个人都充满尊严与力量。如果你正在考虑分手，我建议你跑——不是走——到最近的书店，今天就开始阅读本书。你将发现，即使在最极端的境况下，优雅的分手方式都是可行的。我发现凯瑟琳一直处于思维的前沿，而我们再一次受益于她的才华。

——戴博拉·波内曼

畅销书作者以及"对成功说是"公司创始人兼总裁

献给所有的社会艺术家、变革的推动者
以及我们之中尝试全新可能性的先驱，
他们有着伟大的心灵、深深的善意
以及敏锐的心智
正在努力寻找更好的方法……

献给马克与亚丽珊卓
即使在喜悦之后，他们仍然过着幸福的生活

目 录

001　导言：着陆在爱的反面

第一部分
001　一种更好的分手方式

第一章
002　羞愧、责备和爱情的失败

第二章
019　痛苦的分手、令人不悦的结局，以及从此以后不快乐地生活的艺术

第三章
039　我们之间的一种全新可能性：理性分手的引入

第四章
061　如何以及何时做这个项目

第二部分
083　理性分手的五个步骤

第一步
084　找到情感自由

第二步
124　收回你的力量和你的生命

第三步
151　打破常规，治愈你的心

第四步
192 成为爱之炼金术士

第五步
246 创造你此后更加幸福的生活

后记
302 进化的爱

307 理性分手原则

310 深深致谢

导言：着陆在爱的反面

> 每一段亲密关系，
> 在其最初爱之表面下的某些地方，
> 常常秘密地携带着一场一直隐藏着的、彻头彻尾的灾难。
> ——伊丽莎白·吉尔伯特

当穿过走廊，胸怀坦荡地站在我们的真爱面前时，我们当中没有一个人会认为，有一天，我们将会在顽强的50%的离婚分割线错误的那一边结束（我们的关系）。当我们享受着新形成的、充满希望与终身幸福之承诺的结合时，我们也不会认为心碎即将来临。因为我们都是爱的信徒，永远坚定不移地站在我们热切的立场之上，在追求永恒幸福的过程中，我们甘愿冒险。

身为全国畅销书《呼唤救世主》和《七周吸引你的一生所爱》作者，兼世界各地成百上千学生们——他们使用我的原则清除了自己内心通往爱的障碍,创造了幸福、充满爱的关系——的老师,如果我告诉你,我写这本书是作为上一本书的续集,那我就是在说谎。我并不想写这本书,正如你不想读到它一样。

事实上,当我意识到,结婚10年的丈夫将要与我离婚时,我的祈祷有点不虔诚。我躺在湖边的草地上,望着广阔的蓝天,寻找这不受欢迎的(转折)事件的意义。我大声地咕哝着当时唯一对我有意义的祈祷。"你一定是在和我开玩笑,"我说道,怒火中烧。对于生命中那看不见的力量,我已经出离愤怒了;对于爱情,我也极其恼怒,它似乎在以我为代价来娱乐自己——在我度过了一个动荡的童年之后,这些力量似乎决意要针对我"永远幸福的结局",制造不必要的恶作剧。在我的第一本书中,这个完美的幸福结局被公开地记录了下来。

这充其量也就是尴尬。

不过,一旦意识到这确实发生了,我就将注意力转向确保一切顺利。因为,我像成千上万的同龄人一样,在还是个小女孩的时候,就是那种令人讨厌的、极度无意识分手的产物。事实上，很不幸，在我10岁的时候，两场相当残酷的监护冲突导致我最终与父亲疏远了，因为他无法与我愤怒的母亲相处，最后终于认输并放弃了身为人父的权利。虽然，随着我的婚姻在我眼前解体，我不知道的事情还有很多，但我知道的一件事是：我**不会**对我们的女儿这么做。

> 你可能无法控制发生在你身上的事件，但你可以决定不被它们削弱（力量）。
>
> 玛雅·安吉洛

不过，随着我们的分离，我发现自己的担忧是徒劳的。因为，不仅我们的分手非常彬彬有礼，而且它也有着深切的善意、尊重和人情味，还以一种意想不到的慷慨和善意的精神为特征，有着贯穿始终的友谊和相互支持的姿态。我的前任丈夫马克和我尽我们最大的努力，把对双方的损害减至最低，而且当然，也同样努力把对我们年轻女儿的伤害减至最低。女儿的首要考虑是，不会失去与她父亲的联系，她已经看到这种事发生在了她的两个朋友身上。我们团结一致，为女儿在我们的婚姻过渡期和婚后生活中创造凝聚力和幸福感，我们迅速地安慰了她，保证这样的事情不会发生在她身上。

这与我过去所经历的那些可怕的分手有很大的不同——有几个月的时间,我吃不下也睡不着,当时我怒不可遏,如果不把气撒在十足不幸挡我路的、可怜而又无辜的陌生人身上,我几乎无法度过每一天;或者心烦意乱时,我在近十年后又开始吸烟,当时我有近半数的头发都因压力而掉落;或者我的心痛苦地挣扎着,剧烈的戏剧化、充满创伤、撕心裂肺,这来自我高中的男朋友弗兰克——我所有不良分手的源头,这次分手使我陷入一种无法解决的长期悲伤之中,这悲伤困扰了我很多年。近二十年来,他一直在我的梦中出现,经常让我从不安宁的睡眠中惊醒,以缓解他确实永远消失了的可怕认知,他和他那令人生畏的美丽妻子以及三个完美的孩子幸福地生活在一起,离我千里之遥。

我,像你们一样,非常熟悉爱情的阴暗面。所以,我一处理完自己的震惊和痛苦,就立即回过头来看看,我是否能够破解马克和我的这种着实独特的分手进程——我们以善意和优雅设法从我们的结合中脱身。因为我认识到,我们遇见了某些非常有价值的东西;经过与我们核心圈子里的人交流，我的意识变得更加敏锐，他们沮丧地摇着头，宣称他们从未见过任何一对夫妇以如此体贴和关怀的态度放弃他们的婚姻。

尽管与我不快乐的童年相比，我渴望有一个幸福的结局，但是，在命运的转折中，我似乎偶然发现了一种新的幸福结局。这是一种以尊严、善良和荣耀结束浪漫结合的方式，在这里没有人会被这种经历击碎或毁灭。而且，作为讲究的柠檬饮料制作者，我意识到我甚至可以把它做得很漂亮。因为我们经历了我最终确定的分手五步进程，所有受到我们分离影响的人，都是完整、健康、圆满的，而非受伤、竖起心墙、明显因此难过的。

身为爱的信徒，以及婚姻和长期承诺关系的支持者，分手也许是我最不喜欢的事情之一了。全球变暖、虐待老人和高儿童贫困率就在那里。鉴于我对分手和离婚的鄙视，为什么我会选择它作为我自己的人生道路呢？马克和我之间的分离有多么可怕？以致会让我冒险进入家园分裂的沼泽，摧毁长久以来的希望和梦想。

婚姻有一百万种不同的离异方式，大多数都俗不可耐。

然而，发生在马克和我身上的事，简单来说，是我改变了。我的意思是，我彻底地，而且在很多方面都很不公平地，改变了。这是一种职业性危害——成长和转型教师的消极面。我的丈夫没有欺骗我，没有虐待我，他也不是酒鬼或长期赌徒。然而，随着岁月的流逝，我们生活的核心价值观离得越来越远。就在我像瘾君子一样痴迷于改变——不断地推动自己和他人的进化，以追寻我们在生命与爱的所有领域所蕴藏的潜能——的时候，马克，一个心地善良的人，渴望这样一种灵性理念，即：完全接纳和欣赏事物的本来面目，不需要改变任何人或任何事。我一直着迷于挖掘我们内心深处的黑暗，以便发现和净化我们的内在动机；他则相信应该把对缺陷的关注降到最低，只看重众生的良善与美好。这无关对错。两条道路都是完美的选择。通常当夫妻像这样两极分化时，他们会找到一种平衡的方法，互相补充，用最可爱的方式填补彼此的空白。然而，对于马克和我来说，关于那些最重要的事情——在我们心中都是神圣不可侵犯——的对话，已经变得毫无吸引力，在某种程度上给予我们越来越少的共同成长空间，这种成长是朝向一个共同的愿景或目标的，是我们都承认的、在生活中极其需要的某种东西。尽管我们彼此关心，但很明显，我们最一致的地方是我们对女儿共有的爱。

现在，如果出生在50年前，我们会很容易因为我们的孩子而待在一起，不会多做思考。尽管如此，如果出生于50年前，我们大概从一开始就不会结婚，因为跨种族婚姻在美国大部分地区都是非法的，直到1967年，最高法院做出了相反的判决。因为我是白种人，而马克是非洲裔美国人，所以那时我们不得不冒着一切危险，包括我们的生命，来选择彼此——这就是文化进化本质的进一步证据。然而，撇开这个小细节不谈，我和西方世界其他上百万人一样，更多地期待最初的伴侣关系，而非了为孩子勉强待在一起。正如作家和婚姻史学家斯蒂芬妮·库兹所指出的那样，在过去的30年里，婚姻关系比过去3000年有了更多的变化。而我，像我们中的许多人一样，也渴望于一种远远超出我母亲以及祖母所期望的结合。这并不是说马克和我不会全心全意地致力于培养一个适应良好的、健康快乐的女儿，当然，我们的生活围绕着这一共同的承诺。但这是否真的意味着我们必须因为婚姻的限制而绑在一起,并且为此而在道德上要求我们余生都要和对方做爱?

我是说,马克是个性感的家伙,但是……说正经的吗?

作为一个内心进化的人,也就是说,我相信这样的崇高追求——有意识地努力成为一个更有智慧、更开明、更进化的人类,以帮助建立更有智慧、更开明、更进化的人类社会;我一直着迷于全新的、充满爱之连接的可能性,这种连接很少离开中心——而且也许甚至在条条框框之外还有很多。我这样很古怪。作为一种"文化创意",在全世界有数以百万计的人和我一样,倾向于在广阔的人际关系领域开拓新的可能性。作为一个有执照的婚姻及家庭治疗师,我的定位深深植根于人本主义心理学,特别致力于对人类潜能运动的奉献——有目的地努力实现我们的最高潜能,无论是在个人层面还是社会层面。所以,仅仅因为当前的文化假设——什么是对孩子们最好的——就保持婚姻关系,并不是我的真实本性。这些假设,虽然经过了值得深入讨

> 我用所有坏掉的东西编织了一个降落伞。
> 威廉姆·斯坦福德

论和反思的研究,但从根本上来说,似乎缺乏创造性的努力来解决这个问题——我们如何在离婚的创伤中建立一种平衡、稳定、有爱的家庭生活?当我这样想的时候,我的好奇心占了上风,我开始对发现我们如何更好地离婚深感兴趣。

前方的旅程

在未来的几页中,我将与大家分享这个好奇的结果。我邀请你加入我的行列,进行一场深刻的内在旅程,其中包括疗愈、转变、扩展和再创造。首先,我将挑战你,重新思考大家长期以来关于分手和离婚的共同假设,并请你重新考虑一个非常常见的下意识结论:如果一段关系因为其他原因而结束,而不是因为一方或双方都死了,那么它就失败了。我也将尝试提升大家对失败这一共同假设的认知,了解我们如何从未真正超越原始的、具有破坏性的分手方式,还以牺牲身心健康为代价;而且,在很多例子当中,这种破坏性的分手方式都严重阻碍了我们自己、我们的孩子以及彼此,让我们无法成功地在生活中前进。最后,我将提供一种新的可能性，那就是理性地分手，它允许了一种健康而人道地结束浪漫结合的方式。

在这一点上，第二部分将把你带入你自己个人化的理性分手进程中，为这五个步骤中的每一步提供紧密的指导和支持。从第一步寻找情感自由开始，引导你进入最后一步——创造快乐到底的生活，你会找到你需要的实用工具和技巧来驾驭你所处的脆弱过渡期，一路走向圆满。

如果你现在正处于巨大的痛苦之中，你可能会更愿意直接进入本书的第二部分，稍后再回头阅读第一部分，一旦氧气面罩牢牢就位，你就可以再次呼吸了。

我自己的道德困境

现在，我不得不承认，在写这本书之前，我犹豫了很久，才拖沓着把这一切写在纸上。这在很大程度上是

> 生活并不总是公平的。有时，甚至你从彩虹上滑下来，也会遇到碎片。
>
> 查拉莉亚·摩根

因为，我不想鼓励任何人在做出关键性的决定、解散一段长期的忠诚关系时，抱着不以为然的态度。当你摆脱了与"失

败"的关系有关的社会羞耻感，或者当你让自己的孩子免于一辈子都搞砸的恐惧（来自现在的"破碎"家庭）时，会发生什么？我当然不想对这样的事情——在"一方或双方死前就结束婚姻"这个方向上让天平进一步倾斜——担负即使部分的责任。

我是长期忠诚婚姻的坚定支持者，我尽自己最大的努力让夫妻们尽可能地在一起。事实上，当客户走进我的办公室，说他们想要理性分手的时候，我都倾向于与他们分享一点东西，试图戳破他们的确信，揭示分手有点过早。因为我是忠贞之爱的热切倡导者，我对最近美国婚姻格局的迂回曲折感到非常兴奋，现在，我们正在邀请同性恋朋友加入我们的行列，形成终生、稳定、合法的伴侣关系，这将进一步促进美国社会的发展。所以，理解这一点很重要，我并不支持轻易选择分手。

事实上，在稍后的"如何以及何时实施这个计划"这章中，我们将要严肃地探讨：为什么待在一起可能是更好的选择。

然而，这是我真正想让大家明白的。在这个世界上，每年离婚的人比买新车或早餐吃葡萄柚的人还多,我认为现在是我们学习如何做得更好的时候了。而这正是本书的精髓所在。

本书为谁而写

理性分手的步骤不只是为那些一路走到祭坛的人而写;还写给那些因失去爱而心情沉重,心中充满无法言喻的悲伤之人。所

> 如果生命给了我们石头,建造桥梁还是墙壁是我们的选择。
> 佚名

有的分手,除了产生疯狂的痛苦之外,也是一个关键的十字路口。失去爱,是生命中一个决定性的时刻,而这将取决于你的重大决定。深陷于绝望的粪堆之中,要么认输并与生活妥协,以保护你的心不再受此类伤害,在这个过程中,注定让自己过一种较次的生活;要么找到一种方法来利用这些悲惨的经历,培养更广大的智慧、深度、成熟度和更深的爱与被爱的能力。简而言之,分手是一个千载难逢的机会,让你拥有一场彻底的灵性觉醒。这场觉醒会将你推向真实、慈悲、智慧、深度的全新水平,还有(我敢说吗?)——甚至

欢乐。然而，后者唯一令人痛苦的是，如果你将自己的心和头脑放在那个方向上，那么你必须付出有意识的、坚定的努力去实现它。

如果你有勇气奋起，承受所有的痛苦，那么这本书就是为你而写。如果你愿意用痛苦来冲刷你已经忍受太久的谎言，把你从迄今为止都无法面对的痛苦模式中解放出来，那么这本书就是为你而写。如果你利用这个挫折，将之作为解放你自己和他人的机会，不再以各种方式消沉，也不再在生活中表现得不敢展现你自己，那么这本书就是为你而写。如果你做好准备，用这个令人震惊的损失来打开心扉，并在这个过程中，扩展和增强你真正爱自己和他人的能力，那么这本书就是为你而写。如果你有足够的毅力，为自己和所爱之人做一些美好的事，那么这本书就是为你而写。

我希望我能保证，如果你清醒地分手，你将会拥有一场无痛苦的分手过程，但我不能。因为我们人类在生物学上就倾向于连结，当连接我们的纽带被切断的时候，即使我们做得非常温和，也根本没有办法不流一点血（也许还是一大堆）。然而，我成功地引导过成千上万的学生经历这个过程，所以，在接下来的几天、几周或几个月里，我将与你们分享经验，我可以保证的是一条安全通道——一条"让你自己和所爱之人完整"的道路。我可以向你保证，你的生活将不会是仅仅忍受灵魂的暗夜，实际上，反而会因为你所经历的一切而更加美好。我可以向你保证，你将带着开阔、快乐、信任的心，再次拥有爱的希望，并且拥有这样的自信——你不会再犯同样的错误。最后，我可以保证，有一天，你会回顾自己生命中这个灾难性的困难时刻，并说出感激的祈祷词，因为你把自己所经历过的最坏的事情变成了最好的。

> 如果爱是答案，
> 请问你能
> 再重复一遍问题吗？
> 　　莉莉·汤姆林

第一部分 一种更好的分手方式

第一章
羞愧、责备和爱情的失败

> 经历过的人都知道,
> 浪漫爱情是一个跌进去、爬出来的议题。
> ——玛莎·贝克

分手的大部分恐惧,都是对我们的期待——关于这个故事该如何展开——的侮辱,而不是它实际上的样子。离我们所有渴望的幸福目标相去甚远,被认为是一种可怕的失败,以至于它可能会让你觉得,自己永远不会恢复了——不会从对此事的震惊中恢复,不会从因此的悲伤中恢复,当然也不会从对此的"羞耻"中恢复。

我为失去了自己的婚姻而感到悲伤。必须承认,我也同样感到羞愧,因为我即将忍受此事被公之于众的丢脸和难堪。关于爱情应该如何运作,我们有一个集体故事蓝图,这是一个非常简单的故事。它是这样的：如果它持续，那么它就是真实的；如果没有，那就不是。要么是这样，要么就是有人把事情搞砸了。

在告诉人们我和马克分手了的时候，我可以看到一种隐蔽的、自动的贬低，无论是我们的整个关系，还是我们中的一人或双方。我几乎可以听到人们的反应。当然不是公开的，而是在他们私人念头的密室里，但它们从来没有我们所想象的那么私密。嗯，从一开始就不可能是真的，或者，嗯，我从来没有怎么想到过他（或者她，取决于我和谁说话）。这足以让我只想待在家里，穿着法兰绒睡衣裹在被子里，除了在床上一边看经典电影一边吃罐装的花生酱之外，什么也不干。在电影里，女孩最终得到了她的男朋友……是的，得到过，他们从此过着幸福快乐的生活。

我们大多数人都认为真爱会持续一生，尤其是当一对夫妇站在朋友和家人面前发誓的时候。自从"至死不渝"（的宣誓）出现在 1594 年——也许更早以前就出现过——的《共同祈祷书》(*Book of Common Prayer*) 中之后，它就一直是结婚典礼的一部分。从一个古老的印第安传统，迫使女人把自己扔进她死去的丈夫的火葬场中,到年轻的中国女性裹脚以确保她在以后的生活中无法逃离丈夫时起,"婚姻是永远的"这一观念大概就……嗯,差不多是永远(地形成)了。

我们甚至根据我们在一起的时间长短来评估婚姻的价值,每一个里程碑式纪念日的建议礼物都超过了之前的等级。10周年是锡婚,25周年是银婚,50周年是金婚。即使在写这本书的时候,我都发现自己在想,如果我和马克在一起的时间更长一点的话,我可能会得到什么用锡做的礼物:也许是一条漂亮的锡钥匙链,或者是一对漂亮的锡袖扣?多年前,在我和马克结婚以前很久,我记得一天深夜,我在海滩上蜷缩着,阅读我购买的临床心理学中硕士学位相关论文,我发现,自己对一位受人尊敬的心理学家所说的、关于长期婚姻的一段话颇为震惊:"不要庆祝两个结婚了50年之人的婚姻,直到你了解他们的关系对他们的灵魂造成了什么样的影响。"在那之前,我从未听闻任何人说过任何与我们通常的见解(长度是决定亲密关系价值的最佳方式)相反的言论。

这让我们回到了关于爱情终结的集体故事蓝图：如果一段浪漫关系因任何原因而结束，而非一方或双方的死亡，那么我们就假设那段关系是失败的。

甚至，我们能够列举出这样的爱情故事吗？在其中，永远幸福的生活包括善良、有尊严的分手；在其中，所分享的爱改变了形式，并被所有人祝福和庆祝；在其中，分手的双方既不会被责备，也不会感到羞耻；而且，在其中，作为他们曾经结合的结果，分开的双方都因为其曾经给予彼此、给予社区的一切而得到尊重和感激。

还有什么要说的呢？

在"认为分手即**失败**的另一种说法"的文化中，很难在爱情的尽头不掉进耻辱的沟渠里。感到丢脸和羞耻

> 失败只是真实人生的另一个名字。
>
> 玛格丽特·阿特伍德

是分手之痛的正常部分，特别是，如果你是被遗弃的那一方。然而，即使没有社会地位的丧失和随之而来的耻辱，失去爱就已经足够让心难受了。

羞耻的根源是"掩饰"，它的特点是需要逃跑和躲避世

间的目光。对于我以前的客户来说,这是真的;莱斯利为期7个月的丈夫明确表示,娶她是犯了一个严重的错误。一天早上,在位于他们家附近的好莱坞山徒步旅行时,他宣布他将离开她,独自返回英国。她惊愕得几乎说不出话来,但还是竭力(平静的)问了几个问题,试图让自己的念头集中在他告诉她的事情上。他有外遇了吗?不。他想念英国吗?不。他对她不满意吗?不。他只是意识到他不喜欢结婚。在某些方面,这种情况更糟。羞愧从四面八方向她涌来。她一定是个坏妻子,她一定很不可爱,因为她的丈夫否定了她。

> 羞耻的力量来源于无法言说。
> 布勒内·布朗

她开始敏感地担忧起来,"人们会怎么看我?""我要如何忍受再次成为单身的羞耻?"她满心羞愧,无法告诉别人发生了什么事。她没有给朋友们打电话,反而停止了接电话。在适应失落期间,她没有要求家人陪在她身边,反而拉上窗帘,成为一个隐士,她把自己与世隔绝了几个月,以保全自己的面子,不暴露自己被拒的耻辱。(往往)就在我们最需要支持和联系的时候,我们却倾向于躲在被窝里,畏缩不前,沉浸在与社会格格不入的感觉中。

根据前哥伦比亚大学教授、文化人类学家露丝·本尼迪克特的说法，羞愧和内疚的区别在于，当我们违背自己的核心价值观时，我们更容易感到内疚，因为我们所做的事情从根本上来说，是坏的和错误的。羞耻是我们感到自己违反了社会强加给我们的外部规则和期望，它让我们觉得我们从根本上是坏的和错误的。当我们觉得自己容易受到他人的负面评价时，是因为我们相信他们在偷偷地评估我们的"缺点"，即使他们做得很好，眼神中流露出怜悯之情，我们也很容易陷入深深的、黑暗的耻辱之海。

期待，被称为"一切心痛的根源"。当然，期待的落空也常常是深深的困惑和内心混乱的根源。因为，当现实没有达到我们所认为的事情应该的走向时，我们在头脑就失去了立足之地。就像迷失在没有清晰道路的树林里一样，我们可能会迷失方向，甚至陷入恐慌而失去行动力，担心下一步该怎么做才能回到安全的地方。我们的大脑更喜欢准确地预测未来，所以我们倾向于创造文化故事和模式，让我们能够做到这一点。永远幸福的生活是一种集体模式，它赋予我们一种生活中的可预测感和确定性,也是社会和谐的标准。

我的好朋友,(基于大脑发展的)执行教练凯瑞·波恩博士,在神经领导力研究所的研究中发现,当我们的期望与现实相符时,大脑就分泌大量的多巴胺来奖励我们。当生活符合我们对"可能发生和应该发生之事"的看法时,我们会感觉良好。然而,当期望没有达到时,我们的压力水平就会激增,把大脑变成一种受到威胁的状态。我们的皮质醇水平上升,免疫系统功能下降,我们的边缘大脑——情绪反应的中心——进入战斗模式或逃跑模式,当多巴胺和催产素水平急剧下降时,我们就会陷入痛苦和病态的泥沼。

曾经的快乐生活时光

> 我并没有失败。
> 我只是找到了一万条行不通的路。
> 托马斯·爱迪生

实际上,我一直是一个业余的人类学家。因此,我经常会以一种非个人的方式来谈论我自己的个人经历。也就是说,在很多方面,我是我自己的实验品,我的想法、假设、感觉和倾向常常作为一种信息告诉我,我们大家将会发生什么。那么，想象一下，当我的婚姻即将结束时，对于吞没我的自卑感和羞耻感等反应，我是多么好奇。我注意到，一开始，在摘下结婚戒指后，走在没有它的世界里，我深深地感受到被暴露和不受保护的感觉。我经常有一种冲动，想把手伸进口袋里，以保护我裸露的无名指不受伤害。我还注意到：我很不高兴，因为现在，我觉得自己比那些看上去幸福地结合在一起的人略逊一筹；同时，我也害怕别人可能会因为我又单身了而看不起我。

虽然我从思想上反对这样的看法，但在情感层面，我感觉自己在目前的单身状态中失去了社会地位。多年来，我有幸教了这么多学生，这让我足以知道，不用把这些感觉与个人病理联系起来，反而，这更像是一种集体共享的体验。分手造成的情感脆弱就像指甲划过黑板一样刺耳，尤其是，如果你像我们很多人一样，是个高度敏感的人。这让我开始了一场如神探南茜般的探索，想看看我是否能找到这些集体观念的来源。这些想法让我们许多人成为人质，而我和其他数百万人都没有实现这些想法。我从这句话开始："他们从此过着幸福的生活。"在互联网上快速搜索一下，我发现，几百年前,"幸福地生活在一起"只是人们围坐在篝火旁讲故事直到夜深的一种方式。这个主题也有很多不同的版本。在波斯,当讲故事的人说:"这个故事已经结束了,但还有很多要讲的",人们就知道,故事说完了,同时为每周电视剧爱好者们所熟知和喜爱的扣人心弦的情节提供了先导。在挪威,人们可能会非常精明地说:"如果他们还没有死,那么他们就还活着。"希伯来人提供了我的个人最爱:"他们直到今天都过着幸福和奢华的生活",这就是我结束故事的方式。

再挖掘得更深入一点,我发现,虽然童话故事的主题在古代印度、中国、希腊、希伯来和罗马文献中随处可见,但童话故事本身只是16世纪晚期在意大利的威尼斯作为一种特殊的故事形式而出现的。难道你不知道,想要永远幸福地生活在你真爱怀抱里的渴望,来自那些浪漫的意大利人吗?他们坐在威尼斯运河上的平底小船上嬉戏着。童话故事不同于当时更为知名和公认的民间故事,它们的独特之处在于,它们以实现愿望的故事为特征,如魔法、冒险、幸福的结局,而且总是包括了在找到真爱的同时获得巨大的财富。

然而,这让我感到奇怪。为什么呢?16世纪晚期,威尼斯的生活是怎样的呢？以至于它创造了这样的条件，使得永远幸福的神话能够如此迅速地扎根并蓬勃发展。它为何发展得如此兴盛，以至于这种新的对爱的渴望会在相对短暂的时期内支配全世界大多数爱的寻求者呢？我们谈论的仅仅是400多年前的事情，当时，这个想法以非常重要的方式改变了我们的世界。从进化的角度来看，400年只是时间轴上的一个小插曲。在此之前，配对和结婚不是关于**爱情**的。它不是关于**幸福**的。没错，它仍然是关于永恒的——但那只是因为它主要是关于土地、贸易、商业和权力动态的，而不是关于你变得太快。在此之前，配对和结婚都是为了生存，人类需要在生活中安全有保障。

理想爱情的不幸起源

在我去理解"是什么孕育了我们现在对浪漫爱情的期望"的时，我发现了两种极端的生活状况，它们深刻地影响着当时的威尼斯人。第一个是预期寿命不到40岁。不过，这并不意味着每个人都在40岁时会死去。许多人活到50、60、70多岁。然而，当时大部分的欧洲人——其中60%的人——在16岁之前就去世了。

我不知道你能否站在仅仅400年前生活在威尼斯的那些人的角度思考，甚至试着想象一下他们住在一起时的那种无法形容的痛苦和悲伤：你、你的朋友和邻居们、你的兄弟姐妹生下的孩子中，有一半的孩子注定要在他们有机会长大之前死去。当我（在换位思考中）停留了足够长的时间，让它真正触动我的时候，我突然意识到，他们所说的"他们从此过上了幸福的生活"的意义，仿佛我以前从未听过一样。在这样一个孩子的生存机会如此之小的世界里，支持父母不分青红皂白地待在一起，给孩子们最好的成长机会，可能是一个很好的主意。

我感兴趣的第二件事，与当时僵化而压抑的阶级结构有关。虽然当时威尼斯有一个欣欣向荣的贵族阶层，但大多数城市居民都很贫穷，经济现实几乎无法给勤劳的威尼斯人带来改善生活环境的希望。16世纪20年代生效的一项法律，进一步强化了他们的虚荣心，使得贵族在其社会群体之外结婚是非法的。记住，这是在"恋爱结婚"的时代之前，当时的婚姻是为了财富的保值。经济的压迫，加上这个相当严苛的法律，给威尼斯的穷人打造了一个钢铁般的牢笼，将他们禁锢在当时艰困的生活环境中，永远不可能摆脱贫穷的日常磨难。

然而，幸运的是，在文艺复兴后的时代，即便穷人也是一群受过教育的人，他们能够在逃避现实的书的世界翱翔，这些书表达出了他们幻想中的、在生活中向上流动的奇迹。所以，我们能责怪他们把童话故事这一新鲜美味的文学作品吃得一干二净吗？童话故事这种新型文学形式的创造者，被认为是意大利作家兼出版商乔瓦尼·弗朗西斯科·斯特拉帕罗拉。虽然最初的童话不如一个世纪后的法国童话那么精致，但童话故事提供了魔法般的短暂喘息、魅力和浪漫；在故事的最后，主角或女主角都能获得更好的生活，他们都在一些遥远的地方过上了幸福快乐的生活（要记得，实际上，鉴于法律禁止王室嫁给平民，故事不可能发生在威尼斯）。

当我发现童话故事成为我们文化中如此受人喜爱的一部分肥沃的土壤时，我非常感动。我深深地被那些坚强的威尼斯人不屈不挠的精神所鼓舞，即使他们出生在不可能反抗的受压迫环境下，也拒绝放弃。我甚至开始将永远幸福生活的神话看作人类潜能运动的开端，因为它鼓励我们不被当前的生活条件所阻碍，努力追求充实而富足生活的可能性，不管我们正在经历什么样糟糕的境遇。我一直认为，人类潜能运动始于威廉·詹姆斯、维克多·弗兰克尔、亚伯拉罕·马斯洛、卡尔·罗杰斯、简·休斯顿和米尔顿·埃里克森等伟人。然而，也许我并没有对他们所站立的肩膀给予足够的关注，因为正是势不可挡的乔瓦尼·弗朗西斯科·斯特拉帕罗拉推广了具有高度变革性的"想象更好的方式"的实践。

案例：理性进化的爱情

尽管这一切令人振奋，但现在是时候考虑一下这个了：**永远幸福生活**的神话可能已经过时，现在应该进行回顾并修正了。因为约会、配对和婚姻的习俗，从来没有长久保持不变。从浪漫主义爱情的激进新观念作为18世纪中期结婚的原因，到20世纪50年代的"传统"理想化的母亲作为家庭主妇和父亲在外养家糊口，到两个爸爸的家庭，母亲每年（周末时间）去拜访两次，爱的习俗一直都是一辆正在行驶的火车。

罗格斯大学教授、著名的两性关系人类学家海伦·费舍尔博士报告称,连续多次的一夫一妻制现在已经成为常态,这表明我们大多数人在一生中都会有两三段重要的关系。当然,这意味着我们大多数人也会经历一两个重要的浪漫结局。就像以前,遇见并与你唯一的真爱结婚是一种常态一样,现在**不结婚**也很常见。有超过40%的一婚,超过60%的二婚,超过70%的三婚以离婚告终,也许我们应该开始考虑:换掉我们最初的伴侣是正常的吗?总而言之就是:事实上,我们大多数人不会拥有终身伴侣——无论是好是坏,我们对他保持忠诚,直到死亡将我们分开。在这个时代,我们认识到生活的方方面面都需要提高,以适应不断变化的生活环境——工作环境、睡眠习惯、育儿实践、饮食和电脑程序——也许我们也应该考虑放弃过时的、过于简单化的浪漫爱情模式。抛开那些逃避现实的幻想,我们希望自己能够活下去,朝着一个更真诚的愿景前进,这个愿景与我们**真正的**生活息息相关。

> 失败只是另一种学会如何正确做事的方式。
> 玛丽安·莱特·爱德曼

《纽约时报》最近的一篇文章报道说,有史以来第一次,50岁以上的离婚者比丧偶者多,长期婚姻的离婚率自1990年以来几乎翻了一倍。为什么不呢?伟哥和荷尔蒙替代疗法的奇迹,让我们的性生活比祖母和祖父梦想中的还要长久。当祖母进入她人生的第6个10年,降低她的期望并安定下来享受愉快的桥牌游戏时,我们才刚刚开始,期待着改头换面,也许跑一两次马拉松,为下一次大爱做好准备。据报道,超过60岁的"银发追求者"是互联网交友网站增长最快的人群之一。我们这些到了退休年龄的人希望从生活中得到更多的东西,而不是每周和孙辈们一起玩耍,我们想要每周都和我们的朋友聚会。

我希望我们可以开始一场对话,让我们拓展自身的能力,更明智地把握现代生活和现代爱情的细微差异,尤其是在爱情结束的时候。而不是用过于简单化的问题来定义我们关系的价值,诸如:"它持续了多久?"取而代之的是,我们开始问:"我获得了什么智慧?""关于爱,我学到了什么,我现在可以应用它向前迈进了吗?"

我完全相信,爱确实可以战胜一切困难。显然我并不孤单。评价很高的《婚姻轮回》(*The Marriage Go Round*)一书的作者安德鲁·J.切林告诉我们,

> 即使离婚也可以看作是实现爱的另一种方式。
>
> 爱对我们有许多要求,包括看似与执着和忠诚的感受彻底相悖的行为。
>
> 托马斯·莫尔

尽管西方国家离婚率最高,但结婚率也是最高的。事实上,在我们的生活中,预计接近90%的人至少结婚一次,尽管婚姻不一定会持续一生。所以,试图重新定义"幸福结局"并不是不再相信爱情的证据。相反,我们是永不放弃的、爱与终身结合的信徒。然而,考虑到我们这个时代的现实,包括婚姻的稳定与美国人的个人自由、自我表达和个人成长理念之间的后现代紧张关系,我们必须接受许多人不结婚的选择。为了学会永远幸福地生活,而找到一种方式去原谅不可饶恕的人,在生活中向前迈进,在我们的心中和言行中充满希望和善意,这很可能是真正相爱的本质。

然而,在我们过快地朝向爱的进化和拓展之前,让我们

先花一点时间来深入地了解爱的阴影,因为我们也会迅速绕道去见羞耻的肮脏的姐妹——仇恨和愤怒。系紧你的安全带,因为我们将在那令人不安的、爱的阴暗角落旋转,那里是充满了危险的、不可预知的以及原始的仇恨与报复的地狱。

第二章
痛苦的分手、令人不悦的结局，
以及从此以后不快乐地生活的艺术

如果你刺伤我们，我们不会流血吗？如果你毒害我们，我们不会死吗？如果你错待我们，我们不该报复吗？

——威廉·莎士比亚

那是公元1959年的一个美丽秋日，地点在纽约。一位年轻、英俊、衣着讲究的律师开着他那辆崭新的淡蓝色凯迪拉克，沿着一条他很少光顾的街道行驶。随即，他看到一个美丽的黑发年轻女子坐在公园的长椅上。他转身对朋友说："看那个女孩！我必须要拥有她！"他迅速把他的车开到路边，这样他就可以接近她了。这就开始了现代最臭名昭著的爱情故事之一——伯特·普加奇和琳达·里斯之间充满激情、令人深感不安、难以释怀的爱情故事。

琳达不知道他们的恋情是从什么时候开始的，因为伯特已经结婚了，家里还有一个残疾的女儿。一开始，她突然坠入情网，她允许自己神魂颠倒，充满希望地认为可能遇到了自己想嫁的男人，和他组成一个家庭。当然，伯特提出了这样的未来，因为他带她去买了订婚戒指，并看了他们可能会买的房子。然而，当她发现了真相，她就做了那个年代任何一个正派女人都应该做的事情：立刻分手。或者，无论如何，她努力这么做了。伯特，随心所欲惯了，想要什么的时候就必须得到，他不接受否定的回答，于是，他开始跟踪、威胁、骚扰她——这一切都是以爱的名义。当他从琳达的父亲那里听说她要和另一个男人订婚时，他失去了理智。伯特雇了三个人来帮他，把碱液泼到琳达的脸上，致使她终身眼盲与残疾。

故事的讽刺性转折是，尽管伯特的仇恨之火平息了，但他的爱情显然没有平息。伯特在联邦监狱里度过了接下来的十四年，期间，他给琳达写情书，乞求宽恕，并宣示忠贞不渝。在他出狱后的一年内，两人结婚并在一起生活了将近40年，直到琳达75岁去世。

听了这样的故事，我们变成了偷窥者，好奇地窥视爱情的阴影，似乎我们对爱、恨、激情和复仇之间的这种深深的困惑免疫。然而，把我们和伯特·普加奇区分开来的仅仅是我们的性格。因为当你我都有是非之心、禁止这种卑鄙的报复行为时，我们在生物学上更像伯特，可能会鼓励这种报复。当我们被所爱之人抛弃之后，虽然我们永远不会做这样的事，但在生物学上我们却倾向于这样做。

在最近的一次TED（技术、娱乐、设计环球会议）演讲中，海伦·费舍尔博士描述了被我们所爱之人拒绝后，我们的大脑中发生的不幸的、具有讽刺意味的状况。因为，当我们坠入爱河时，大脑中被激活的那部分，正是我们被爱人拒绝时大脑中被激活的那部分，甚至被拒后会变得更加活跃。被激活的这部分大脑，没有让我们做理智的事情，把注意力转向开始新的生活；相反，我们的大脑天生就倾向于增强我们对所失去之物的渴望，让我们痛苦地纠缠着，正如我们处于疯狂和高度集中的渴求状态时，拼命地尝试扭转泰坦尼克号。诗人特伦斯曾说过："我的希望越少，我的爱就越炽热。"

在最初的抗议阶段，我们处于高度戒备状态，就像被母亲遗弃的小动物一样。我们疯狂而痛苦，我们被逼到极端，试图赢回我们所爱之人的爱，我们几乎会做任何事情来减轻我们焦灼的欲望。因为被所爱之人拒绝，大脑会产生一种类似于可卡因的成分，让成瘾者急切地寻找下一次解脱痛苦的体验。爱的戒断，完美地反映了毒品的戒断，而且往往伴随着与吸毒成瘾者同样的鲁莽和破坏性冲动——他们在被束缚住时拼命想要爬到高处。

从灵魂伴侣到灵魂之恨

在文学中，一个没有圆满结局的故事被认为是悲剧。可悲的是，许多在彩虹尽头找不到金罐子的关系也将变成悲剧。我们大脑中的控制奖励和愤怒的回路相互交织在一起，一旦我们认识到，努力夺回我们所爱之人是徒劳的，那么一切都将失控。

比如来自印第安纳州芒西市的43岁女性，克里斯蒂娜·雷伯，在男友结束了他们的关系后，她对57岁的男友进行了恶毒的报复，引起了全国的关注。怒火中烧的克里斯蒂娜，怀着"地狱里都没有的愤怒"般的愤怒，不请自来，醉醺醺地闯进了前情人的家中。他正在电脑前安静地坐着办公，她跑过去，开始赤手不停地击打他的头，他痛苦地想把她的手从自己身上撬开，但没有成功。最终，在一场血腥的争斗之后，他们倒在血流成河的地板上。克里斯蒂娜，如此强烈地想要伤害几天前她似乎还爱着的那个人。最后，他终于挣脱她复仇的魔掌，跑到电话旁疯狂地拨打911。几分钟后，救援人员赶到了，医护人员迅速将他送到最近的医疗机构"鲍尔纪念医院"，他很快在那里接受了治疗。

显然，有一些心理因素，促使我们中的一些人比其他人更容易像这样失去控制。然而，抛开自我毁灭的倾向、缺乏控制冲动的力量，以及糟糕的判断力不谈，我们当中会有谁不知道，是什么让她表现得如此疯狂呢？我的意思是，我们虽然从来没有做过，但我们想过。我们感觉得到。我们曾经幻想过，对吧？对此，不是我一个人。我是说，有人买了那张销量已达3300万而且数量还在上升的唱片，我的朋友阿兰尼斯·莫莉塞特的歌《你应该知道》。这首歌，当你以每小时65英里的速度在无人能听到的情况下自由驰骋的时候，你可以用最高的嗓门尖叫,把每一个字都吼出来,它仿佛一记重击在腹股沟的拳头。"你忘记我了吗,表里不一先生?/我不想在吃饭的时候打扰你。/我被取代得如此之快,简直是当头一棒。/当你和她在一起的时候,你在想我吗?"[1]该死的,这几乎就像在你知道的地方迅速踢了漂亮的一脚一样令人满足。来吧,承认吧。这里只有你和我,我不会说的。我们内心深处都是疯狂的女孩。

但是不要难过。因为似乎是大自然的设计伤害了人们。就像那些被母亲遗弃后变得高度警惕的小动物一样,当我们最初的依恋对象开始消失时,我们也会变得有点疯狂。我们的人际关系就是我们的家,当它们受到威胁时,我们的大脑就会有点失控,开始通过分泌荷尔蒙而发出"战"或"逃"的信号,导致我们的大脑思维在冲动加速的时候减慢下来。这并不总是一种好的组合。即使我们当中最善良的人,也可能被我们的生物学

> 天堂里没有因爱生恨的愤怒。
> 地狱也不像被蔑视的女人那样狂暴。
> 威廉·康格里夫

（本能）所绑架，以最奇怪的方式行事。

丽塔，一位非常可爱的、来自堪萨斯州的36岁小学教师，她一生都在试图通过教孩子分辨是非来塑造好公民。有一年春天，她来看我。她眉目低垂，泪水滑过脸颊，很不情愿地承认，分手的绝望迫使她在一天深夜开车去前男友家，结果只是证实了她的怀疑——她已经被取代了。因为证据就在那里。"她"的绿色本田雅阁整齐地停放在他家门口崭新的深蓝色梅赛德斯-奔驰旁边。悲痛欲绝、怒不可遏的丽塔迅速从驾驶座上跳了下来，不加思考，她就用钥匙划过他的车身侧面，把她受到的伤害刻进面前的油漆涂层上，留下一道巨长而深刻的明显划痕，让所有人都能看到。在恐惧来临之前的20秒钟内，她感觉到了解脱，但随即她跑回

> 关于复仇的趣事是，它可以让一个尼姑成为杀手。
> 凯维斯·亨德里克森

车里，驾车飞奔而去，害怕被发现。不过，他当然知道是谁干的。还会是谁呢？她的报复行为当然没能导致他离开新欢。最有可能的是，报复行为只是进一步验证了让他尽可能远离丽塔的直觉。现在，在他的个人历史中，她将留下一个

疯子的形象,用钥匙划伤了他全新的车。直到她来看我的时候,她已经患上多疑症好几个月了,她感到自己完全蒙羞受辱,无法估计有多少人会在背后议论和嘲笑她有多不安。她为自己的行为感到羞耻,简直不知道如何原谅自己在判断上发生如此严重的失误。

我们真的难以接受自己的这些原始部分,因为我们可能会发现,自己在做和说一些我们从未想过自己可能做的事或说的话。费舍尔博士再次前来营救,为我做出解释:我们的疯癫暗示我们对最近心爱之人的愤怒和仇恨实际上是"来自过去的进化遗迹";这只是自然的反应,帮助我们与那个人分开,脱离那段关系。哇,说起来过犹不及。

我们大多数人都知道,在允许自己失控之前先给朋友打个电话,"好友荣誉准则"要求我们的朋友加入我们的受害和愤怒中来,比如说"他是个白痴。甚至不值得为之哭泣""反正我再也不喜欢她了。忘记她吧,她就是个拜金女"或者"他是个失败者,完全配不上你"。坚持在这个过程中贬低你的前爱

> 以眼还眼,只会使全世界盲目。
> 　　　　圣雄甘地

人，抛弃你们曾经的关系，试图帮助你继续前进。乍一看，这似乎很有帮助。然而，试图与我们所爱的人断绝关系而煽起轻蔑的火焰，最终并不会给我们带来我们所寻求的解脱。它像是创可贴，但只是暂时性的修复。憎恨某个你爱的人，试图把他从你的灵魂中移除，就像给一个人做额叶切除手术，以帮助他们摆脱抑郁的早期医疗行为。也许这样会暂时让你的心坚强起来，以对抗从前的爱慕对象，但接下来，你留下了……嗯，一颗钢铁般的、封闭的、坚硬的心。如此强硬地做出这样的决定是出于仇恨。

负面关系的代价和后果

爱的反面不是恨，而是漠不关心。恨恰如爱一样，是一种牢固的纽带，会迅速地把积极的关系变成消极的关系，使我们像从前相爱时一样紧密地联系在一起。我们所形成的纽带是一种持续的能量交换，它使我们保持兴趣、投入精力并相互参与对方的人生，无论这

> 情人的恨比情人的爱更强烈。
> 它们造成的创伤是无法治愈的。
> 欧里庇得斯

种参与是积极的还是消极的。这是我们共有的潜在情感协同作用,远远超出了交谈或见面的范围。我们不是都有过这样的经历吗?想到一个很久没联系的朋友,5分钟后电话响了,却发现电话里是刚刚想到的朋友。作曲家克劳德·德彪西曾经说过:"音乐是音符之间的空间",就像音乐一样,一种关系纽带是我们在歌词之间共享的联系。我们对彼此的影响不会因为我们把公寓的钥匙还给别人而消失。任何试图以轻蔑来切断联系的尝试,最终都会让心痛在其中扎根。

最近,我与路易斯·科佐利诺博士会面,他是《人际关系的神经科学:依恋与发展中的社会大脑》(*The Neuroscience of Human Relationships: Attachment and The Developing Social Brain*)的作者,也是佩珀代因大学的心理学教授。在我们开始讨论的时候,他分享了一个信息:大脑只有一个主要任务——保护我们的安全,确保我们的生存。它并不真正在乎我们的精神追求、我们的崇高理想,或我们作为善良友爱之人的自我形象。而且,由于大脑是一种社会器官,是固定连接的,所以它并不一定会轻易放弃最初的依恋关系。在大脑的世界里,有负面关系总比没有关系的死亡要好。所以，即使你在内心深处知道所做的是不正确的，即使你们在一起时糟糕的日子是好日子的五倍，即使谎言让你的身体生病，大脑仍然不想放开这段关系。

在加州大学洛杉矶分校不久前进行的一项研究中，内奥米·埃森伯格和马修·利伯曼博士发现，被我们所爱之人拒绝，会在大脑中引发警觉，与受到原始威胁时产生的警觉是同样的。在早期，成为部落的一员对于生存是至关重要的，被逐出部落可能意味着最确定无疑的死亡，警觉是在提醒我们。你我都知道，这是一种强烈的恐慌感，当我们的爱人威胁要离开时，恐慌会紧紧抓住我们，让我们心跳加速；我们害怕，如果被所爱之人拒绝，我们会死去。然而，一旦留在这段关系中的痛苦超过了离开它的恐惧，并且决定分手，大脑仍然可以在很多方面维持宝贵的生命。

大脑尝试这样做的一种方式可能是，通过一种极具争议且令人讨厌的分离，在这种分离中，双方都以敌对和轻蔑的态度互相对待，对卑劣行为加大赌注，其中一方或双方都沉迷于胜利和（或）复仇。如果听任大脑的安排，这种消极的交战可能会持续一生。我认识的一个男人的前妻从未忘记，大约17年前,他为了另一个女人而离开了她。她从小接受天主教的教育,一直认为结婚以后就会白头偕老。生了三个孩子后,她觉得自己有权得到他在离婚前和离婚后挣的所有钱,于是,她把尽可能多地得到这些钱作为自己的人生使命。即使这么多年过去了,她还是孜孜不倦地坐在电脑前,夜以继日地研究他最近的生意往来,计算有多少利润应该是属于她的。也总有饥肠辘辘的律师愿意为她打官司。当我见到他时,他从20年前离开的那个晚上起,就一直背负着她的纠缠。她从来没有以任何有意义的方式重建自己的生活,她变成了从前那个自己的影子。没有朋友,除了她设法从他那里弄来的钱以外,她没有其他生活来源。她一生都在为维系他们的负面关系而忙碌。

> 没有什么比报复更能激发宽恕。
> 斯科特·亚当斯

具有讽刺意味的是,另一种使我们的心理持续恶化的方式是,过快地切断关系。出于净化感情的强烈冲动,你可能会试图将某人从你的内心和灵魂中猛烈地抽离出来。这可能是结束一段浪漫婚姻最残酷、最无情的方式。在如此残酷地割断联系的过程中，被切断联系的人会觉得，她肯定会躺在那里，直到流血而亡。这种令人讨厌的分手会导致所谓"心碎综合征"，也就是当受到极度震惊时，心脏真的会模拟出类似心脏病发作的行为。甚至还有罕见的案例，人们在突然失去爱的时候，会因为深深的震惊和刺痛而死去。在关系告吹的时候，被抛弃的恋人往往没有接到任何警告，或强烈反对这段关系的声明，他／她可能会觉得自己就像一个空壳，被赋予了一项病态的任务，那就是试着独自一人面对爱情的突然死亡。这可能会让他／她从震惊中痴迷地分门别类，反复思考每一个小细节，看看到底是什么最终导致了可怕的分手时刻。

我的一名客户就有过这样的经历。珍妮特在 40 多岁的时候，有一个交往了 3 年的男友——一个已婚男人。他曾对她疯狂追求，多次向她保证会很快离开他的妻子。然而，在他妻子发现这件事后，事情发生了巨大的变化。他并没有像人们可能希望的那样，善意地解释他选择修复婚姻的原因，而是把矛头指向了珍妮特。他把她叫来，用一种冰冷无情的口气，指责她引诱和操纵了他，让他卷入了他们的私情，完全歪曲了事实真相。他把自己的缺点投射到珍妮特身上，把她塑造成一个邪恶的诱惑者，把她扔在公共汽车下，以保护他善良可敬的自我形象，并与妻子重新建立关系。珍妮特深受创伤，感觉自己就像犯罪的受害者，在那之后的好几个月里，她一直悲伤地肩负着从自己心灵中取出弹片的重任。因为在她的内心深处冰冻着的不是他们共有的幸福回忆，而是那可怕的充满冲击性的时刻：那场令人难过的谈话，把她囚禁至爱情最恶毒、最丑陋的部分。这让她在一年多的时间里几乎无法呼吸、吃饭或睡觉，甚至让她对再次敞开心扉去爱的想法都感到厌恶。

这就是不理性（无意识）分手的危险，我们很多人都非常清楚这一点。在爱的尽头，我们试图用原始的自我保护本能，来帮助护卫我们的心不受伤害，最终反而让心硬化了。

等待时间来治愈心碎的风险

如果你真的把一个人深深地刻进了你生命的核心，将你的身份与之交织在一起，你就很难仅仅因为现在突然想要这么做而迅速清除他。外在的分手可能很快，但内在的分手却很少如此。如果你尝试过整理蓬乱的头发,你可能会有同感。你的心灵与他的是如此紧密地纠缠在一起,以至于要把它们都分清楚几乎是不可能的。什么观点属于你,什么信念属于他,你的目标是什么,要保持还是要回报——这些都很难厘清。就好像你正在从一个堆满了破烂、折角的书籍、独特的小摆设和定制家具的房子里搬出来一样,现在你心中的每一样东西都需要被分类,以便重新获得自主权,重塑你的生活。

我二十多岁的时候住在格林尼治村的中心,做女招待,在当地的歌舞剧院唱歌,希望能成为下一个伊迪丝·皮雅芙。我最喜欢的一首歌是杰里·赫尔曼写的、由伟大的芭芭拉·库克演唱

> 在我筑墙之前,我想知道,我要把什么筑在墙外,什么留在墙里。
> 罗伯特·弗罗斯特

的那首被称为《时间能治愈一切》的歌,我喜欢每一首天鹅绒般的抒情诗,仿佛它是对渴望的神圣歌颂。这是一种悲叹,以承认时间能治愈一切而结束……"但爱你"。

我知道我唱的是什么。多年来,我遭受着心碎的折磨,陷入了长久而未经处理的悲伤当中,这悲伤来自童年的一段

着实混乱且令人困惑的时期,那段时间充满了大量的伤损。人们经常说他们从我的眼睛里看到了悲伤,尽管我多次试图隐藏它。我从个人经验中知道,直到我们积极治疗心碎,并启动将事情变美好的炼金术之前,失去爱的痛苦,可能往往会从我们的生活中偷走多年的幸福,就像严重的疾病或剧烈的身体疼痛一样。

> 人们总是说时间会改变一切,但实际上你必须自己去努力改变它。
> 安迪·沃霍尔

一场糟糕的人生经历,以及由此导致的糟糕的心灵愈合,会让你成为爱情阴暗面的终生受害者,让你陷入更不幸的生活,让你失去继续爱与被爱的能力。在治疗界有一项运动,将长期悲伤障碍称为复杂性哀伤,添加到《精神障碍诊断和统计手册》(*Diagnostic and Statistical Manual of Mental Disorders, DSM*)中。梅奥诊所将复杂性哀伤描述为一种长期的、高强度的哀痛状态,其特征是麻木、强烈的渴望、易怒、无目的、沮丧和不信任他人。这是一种陷入了挥之不去的遗憾、悲伤和羞愧之泥潭的状态,生活中既没有欢乐,也没有事情会变好的希望。一旦分手让你感到惊讶或震撼,你会很容易体验到长期的悲伤，体验到你之前有过的焦虑和抑郁。如果你和前任伴侣之间的关系出现了问题，就会变成你对"自己最糟糕"担心的证实，而让你受到打击；或者如果你的悲伤因为先前未解决的损失而加剧时，你也会受到打击。虽然我们中的一些人比其他人更容易受到这种经历的伤害，但我们都有一点危险，因为失去爱会让你精神崩溃，仿佛它会让你心碎一样。

与普遍的看法相反，时间并不能治愈一切创伤。我们所做的是，希望像对待断腿一样对待破碎的心。想象一下，你的股骨刚刚骨折，躺在病床上，不能起来，痛得想打滚，因无法形容的疼痛而呻吟，你的医生来看了你的 X 光片后，扭头非常亲切地对你说："好吧，现在，让我们给它一些时间，你很快就会好起来的。"破碎的心，就像骨折的腿一样，需要很多的照料才能痊愈。当然，除非你不介意你的心有一点扭曲，有一点封闭，有很多防御，且很容易受伤。这就相当于你下半生走路时一瘸一拐，每次下雨都会感到疼痛。

你可能觉得自己会死于这种痛苦。不过，我向你保证，如果你能镇定自若地拿起本书，并读到这里，你是不会就这么死去的。是的,如果你封闭了自己,放弃了生活,以这种失望为借口逃避爱,让你的希望变得渺茫,让你自己不再受到这样的伤害,那么无论从哪个角度来说,你都可以加入活死人的行列。失去心爱的人是一回事,失去自己是另一回事。

糟糕的分手有什么好处?

我意识到,考虑到你所承受的极度痛苦,给你一场鼓励性的演讲,让你把分手变成一种突破,或者把你的创伤变成胜利,可能有点像滑坡。就在这一刻,疯狂而庞大的情感就像可怕的潮水一样冲击着你,没有什么是光明的——无望、仇恨、绝望、沮丧和悲伤把你颠来倒去,一遍又一遍地砸向岩石。

然而,这里是我想给你的生命线,我请你考虑抓住它。尽管这是你一生中所体验过的最痛苦的经历之一,但它也是你全然觉醒的最大希望,比你所知的任何一个希望都要大。现在,如果你正处于风暴的中心,那看起来就像是安慰奖,你根本不关心一只老鼠的一厢情愿。然而,我向你保证,随着你在生活中前行，这对你很重要。

这种分手的好处是，你已经被生活这伟大的调平器打倒了，心痛会让你上下颠倒，让你疯狂地从心灵的裂缝中挣脱，让你从你曾经生活过的谎言中挣脱。你曾经忽视过的每一种恐惧——无论是轻描淡写地忽略还是坚决地否认，现在都直直地盯着你的脸。你放弃了自己的权力，否认了对自己更深层次的了解，把别人的感受和需求置于自己的之上，陷入了一个受害者的故事之中，或者安于一种（内心）较为贫瘠的生活——现在，所有这一切都需要重新审视。你已经无处可藏。生活让你敞开心扉，残酷无情地迫使你进化、发展和成长。正如伟大的莱昂纳德·科恩的不朽名言："每件事都有漏洞。这就是光明进入的方式。"

> 当你遇到一个空壳之人时，你会想，你到底怎么了？
> 好吧，在这些人的生活中，每一个人都有一段时间站会在十字路口。
> 在一些地方，他们不得不决定向左还是向右转。
> 现在不是做胆小鬼的时候。
> 弗朗西丝·梅耶斯

要摆脱失去所爱之人的关注与爱的悲伤，唯一的方法就是用这种强烈的痛苦来催化你自己的觉醒,推动你成为你天生注定要成为的人。无论你是离开之人还是被留下之人,不管你的分手发生在5分钟前、5个月前或5年前,本书都将帮助你正确地看待这一切,并将你安全、理智、可靠地传送至全新而美好的生活——那一直等待着你的另一边。

注释

[1] 特别感谢非常杰出的阿兰尼斯·莫莉塞特和她杰出的合作作家格伦·巴拉德,感谢他们慷慨地给予我引用他们歌词的权利。

第三章
我们之间的一种全新可能性：理性分手的引入

带着满心的悲伤，我们决定分开……
我们已经得出的结论是，虽然我们非常相爱，但我们仍要分离。
然而，我们是一家人，也将永远是一家人，
在许多方面，我们比以往更加亲密。
——格温妮丝·帕特洛和克里斯·马丁

在一位美丽的女演员和她才华横溢的音乐家丈夫宣布分手后，"理性分手"一词迅速成为全球关注的词汇，他们使用了这个词语来公开他们的有意分手。我将永远感激他们这么做。在24个小时内，数百万人在讨论如何能够更加有意识地完善我们的结合，并改进我们作为常态而接受的敌对且充满争吵的分手方式。

当时，我正在戈斯塔·利卡的丛林深处，为一本书的方案而自愿投入隐居式的写作中。这本书（后来成为本书）将分享我自 2009 年以来，为成千上万人开发和传授的关于如何体面地解除夫妻关系的理性分手的过程。多年来，我与许多专业的同事，一直都在有意识地朝此方向努力——这一领域思维模式的转变不仅可能，而且是迫切需要的。

虽然去了我能找到的最偏远之地，以减少分心，但在虚拟世界里，我几乎无处可藏。公告发出后的数小时之内，我发现自己在一个比衣柜还小的房间里安营扎寨，用唯一一部（隐居中心提供给客人的）固定电话，与来自世界各地的记者交谈，他们一个接一个，都想知道一个非常简单的问题的答案：

到底什么是理性分手？

这就是我告诉他们的：理性分手或离婚的特点是大量的善意、慷慨和尊重。在其中，那些正在分手的人，将努力把对自己、对对方以及他们的孩子（如果有的话）的伤害减轻至最小，同时，有意识地寻求创建新的协议和结构，旨在让每个人都能在生活中更进一步，赢得胜利，并茁壮成长。

理性分手的夫妇中最出名的是，他们慷慨仁慈的行为、善意的姿态,以及为正确的理由做正确的事所付出的真诚努力。简而言之,这是一种突破,能够克服、拒绝,甚至战胜无意识的、原始的、基于生物学基础的冲动,这种冲动让我们可能不得不鞭笞、惩罚、报复和(或)以其他方式伤害令我们受伤的人。

当然,说起来容易做起来难。

因为,正如我们已经发现的,大脑不一定是重新配置我们主要伴侣关系的狂热爱好者。最近,我在路易斯·科佐莱诺博士如家般温馨的贝弗利山办公室会见了他,办公室墙上到处都是书,桌子上堆满了论文和期刊。这次会面让我有机会询问:我们的大脑发生了什么,让即使最甜美的人都突然变成恶意的捕猎者?这位善良的医生和演员哈里·哈姆林长得一模一样,他俯身向我解释道:与我们的胰腺、肾脏或肝脏不同,我们的大脑实际上是社会器官,历经数百万年的发展,似乎有意与我们周围人的大脑连接起来。这种连接回路将我们的大脑连接起来,成为一个交互系统,除了其他功能外,还调节着我们的情绪和情感。在神经科学的世界里,这被称为"社会稳定",这就是我们会如此依赖我们的爱人,甚至有些上瘾的原因。换言之，所有依恋关系的核心都是恐惧型控制，而我们最亲密关系的目的是，在我们处于失控的危险中时能让我们平静下来。

科佐莱诺博士通过分享两只黑猩猩打架的故事来说明这是如何起作用的。他解释说，黑猩猩经常会战斗到死。当某一只黑猩猩明显知道自己会输掉这场战斗时，它为了挽救自己的生命，通常会跑到附近的妈妈身边，从她的怀里抢走她的孩子，然后把孩子推到愤怒的敌人面前。一看到婴儿，阿尔法黑猩猩的睾丸素就会迅速下降，然后，它就会平静下来，减少贝塔黑猩猩被杀死的概率。在那一刻，小猩猩控制了阿尔法的情绪。

我对自己说，哇，好吧，这就解释了为什么即使在被一个情人虐待和残忍抛弃之后，我们最渴望看到的还是他或她的脸，渴望他或她的存在，就像瘾君子渴望毒品一样。不公平的是，大自然似乎是这样设计的：当我们感到恐惧时，世上最能让我们平静下来的人正是让我们感到恐惧的人，这真是不幸。我也开始理解，为什么我们分手时会变得疯狂，可怕的情感龙卷风席卷了我们，威胁着让我们失去所有的常识和理智。依恋关系的破裂使我们进入高度的恐惧状态，无法控制自己的情绪，因为我们还没有适应新的环境，没有找到新的自我安慰的方法来防止我们崩溃。

我们都知道，一旦我们允许恐惧劫持我们，进入生活的驾驶室，我们就会倾向于说一些非常愚蠢的话，做一些相当具有破坏性的事。恐惧只会让我们变蠢——就在我们最需要大脑的思考来促使我们做出一些非常重要的决定之时；这些决定的后果在未来的许多年都将伴随我们的生命；但我们的大脑天生就不怎么思考。

当理解了这一点时，对于一个人决定在分手时保持清醒，我有了一种更深的尊敬。努力克服大脑边缘系统诱导的各种冲动——烧房子、打碎所有的瓷器，或者把他昂贵的西装送给善良的人；相反，采取良好的行动并做出健全的选择，这更符合我们的良心——集中在大脑皮质层的、大脑的理性部分。这是我们的一部分，让我们可以控制自己的冲动，以免让自己的行为像一只受伤的疯狂动物，并确保我们以某种方式现身——让我们的道德战胜我们的情感成为可能。

戴安娜和布莱恩的理性分手

为了实现这种有意识的、平和的分手方式,我开发了一个五步法,来帮助我们穿越失去爱的荆棘地带,并让我们带着完整的心、灵与魂,将我们安全地送达分手的彼岸。心碎发展而来的任务是,以驾驭我们的大量痛苦来超越我们在恋爱中旧有的痛苦模式,并且唤醒我们的力量,重建比以往更加美好的生活。当我们被扔进一口难以形容的痛苦的深井时,我们被给予了一个可怕的选择——沉下去,还是现在就学会游泳。

戴安娜学习去游泳。虽然刚开始旅行时,我还不知道她会朝哪个方向走。

戴安娜是一位四十多岁的、迷人的房地产律师,她在我的候诊室不耐烦地翻阅《人物》杂志时,我首先注意到的是,她穿了一套漂亮的深蓝色羊毛套装;第二件事是,她抬头向我打招呼时眼中的愤怒。直到我们单独待在我的办公室,关上房门时,她的脸色才柔和下来,显示出一种极度痛苦和困惑的悲哀的表情。我几乎还没来得及坐下,她的故事就讲完了。她的丈夫布莱恩是一位有抱负的电影制作人,也是 4 岁的女儿斯蒂芬妮的主要监护人。几天前,他通知她,他要离开她,去追求新欢。他很清楚他想要离婚。

戴安娜既震惊又愤怒。多年来,她一直以律师的身份长时间工作,来资助布莱恩所从事的"不存在的电影事业"。狂怒和受辱感正在吞噬她,而她对此毫无准备。她幻想着把漂白剂扔到他所有的衣服上,侵入他的电脑删除并销毁他的脚本,开车到他情人的家打碎所有的窗户……她对这种感觉感到害怕,而且在某种程度上,她自己也很不安全——仿佛如果被进一步激怒,她可能会失控而真的开始这样做。起初,她让一名咄咄逼人的律师为她辩护,他向她保证,布莱恩所得到的不会超过他在婚姻中得到的好处。然而,她停了下来,深吸了一口气,看着我的眼睛,承认她并不想像 30 年前她父母离婚时那样,表现得充满敌意和仇恨——这种行为让她的童年充满了深深的沮丧和绝望。

我们开始一起梳理伤痛,通过思考来获得一些客观的判断。如果斯蒂芬妮在两个愤怒的父母之间左右为难,会有什么影响呢?如果戴安娜表现得像她幻想的冲动一样,那么她的愤怒行为将如何影响她未来希望拥有的浪漫关系呢？她真的想让布莱恩和他的情人决定她自己会成为什么样的人吗？考虑到目前看来不太可能发生改变的情况，对所有相关人员来说，可能出现的最好结果是什么？

于是，我们开始了工作。我们从理性分手进程的第一步——寻找情感自由开始，这教会了她如何驾驭她所感受到的极度难以控制的强烈情感，并将它们从破坏性的伤害冲动转化为持久、积极改变的建设性能量。这些建设性的能量可以帮助她促进自身的成长，让她超越自己，不再是与布莱恩在一起时的那个女人——没有安全感、取悦他人、自我放弃、长期过度付出，以此来证明自己的价值。

当戴安娜放下她那郁积的愤怒时，她的悲伤变得如此之深，以至于她觉得自己可能会被溺毙在悲伤之中。在漫长而又意味深长的沉默之后，她承认：这种悲伤并不是什么新鲜事。在见到她丈夫之前，它就存在很久了。她的母亲酗酒，很少跟她说话——无论她表现得多么好，无论她多么努力地取悦她的母亲，也无论她在学校的表现有多好；戴安娜非常清楚那种痛苦——在生活中长期得不到支持，自己照料自己。她决定用这次崩溃来超越她在生活中感到孤独的这种旧有的痛苦模式,并决定将这次分手作为一种全新生活的催化剂。

然后,我们进行到第二步——找回你的力量和你的生活。帮助戴安娜停止痴迷地反复思考布莱恩做过的每一件冒犯她的事,取而代之的是,把她的注意力转移到她自己身上,去发现她在他们之间发生的事情中可能扮演了什么角色。要做到这一点,相当不容易。不过,戴安娜意识到,如果她希望在未来拥有爱情,她需要了解她在事情发展过程中所扮演的角色,以防止类似的事情再次发生。

> 我不需要不经理解的平静。
> 我想要能带来平静的理解。
> 海伦·贝丽

戴安娜不好意思地承认,在分手之前,布莱恩已经要求了两年的婚姻咨询,他因为她工作时间太长而感到非常沮丧。当时,她太忙了,顾不上考虑心理咨询。戴安娜开始把她小时候受到的忽视和她对丈夫及女儿的忽视行为联系起来。虽然承认这个事实很痛苦,但最终,还是她面对了这个事实，开始在生活中做出一些重大的改变。这也帮助她理解了所发生之事的复杂性，而不是陷入一个半真半假的受害者的故事之中，而这个故事可能会让她对未来的爱情失去信心。

接着，我们进入第三步——打破模式，治愈心。我们要在那里寻找戴安娜的"挫折源头"，她的心最初的破裂。这发生在她父母离婚期间，让她在情感上无家可归，有一种深深的流离失所感。我们一同意识到，她为回应那次经历而编造的故事："我是孤独的""男人总是离开""我永远无法真的从别人那里得到我真正需要的东西"。她退后一步，仿佛把自己的生活看作一部电影，试图发现自己从那以后如何无意中复制了这个悲伤的故事。她惊讶地发现，她许多隐秘的思维方式和行为方式让别人很难进入她的世界。她为自己能自给自足而自豪。作为一个喜欢独立生活的人，她很少寻求帮助，即使有人提供帮助，她也经常不接受。她不愿意把自己的感受告诉别人，假装自己一切都很好，仿佛她不需要从任何人那里得到任何东西。一旦看到她自己就是那令人失望的爱情故事的源头，戴安娜发现有充分的证据表明，她自己就是生活中那个深深孤独的作者。

戴安娜决心从这种痛苦的模式中走出来，开始挑战她的旧有信念。她认识到自己有很强的能力，也很渴望亲密与爱。她认为，过去的损失不会决定她未来的可能性。她开始寻找新的方式，与那些有可能创造不同故事的人建立联系。她开始采取行动，创造快乐且健康的人际关系——与每一位生命的共同创造者、家庭、朋友，包括布莱恩，因为毕竟，他是斯蒂芬妮唯一的父亲。

接下来是第四步——成为一名爱的炼金术士。戴安娜学会了通过对"他们在一起时对布莱恩的忽视而对他造成的影响"负责，来消除任何残余的怨恨。虽然她不能对他（因被她忽视）所做的破坏性选择而负责，但她可以温柔地承认她的行为一定给他造成了深深的痛苦。她的慷慨弥补、启发了布莱恩，于是，他也为自己在分手时的不成熟和伤人的方式而承担起了责任，带着真正的遗憾，他承认了自己对她和斯蒂芬妮的负面影响。

戴安娜意识到，她不再希望以布莱恩的背叛来定义他们之间的关系。她没有因为他选择了另一个女人而惩罚他，相反，她选择给他一份经济上的礼物，作为对他们在一起的岁月以及他送给她一个漂亮女儿的感谢，从而进一步赢得了好感。她写了一封善意的信，告诉他：她原谅了他，并希望他也能原谅她，暗示他也许可以用她的礼物来帮助完成他开始拍摄的短片，这部短片在他们离婚的混乱中被推到了一边。他惊呆了，感激地接受了，并如她建议的那般使用了钱。正是这部电影开启了他的电影导演生涯。

布莱恩被她的善意所打动，谦卑地寻找回报的方法。他重新安排了自己的日程，每天下午照顾斯蒂芬妮，免得让戴安娜花钱请保姆。每天下午放学被父亲接回家的日程，给斯蒂芬妮创造了一种更强烈的凝聚力，因为她每周至少可以有5天的时间和父亲在一起。这是许多积极、善意的交流中的第一次，这些交流后来成为戴安娜和布莱恩之间关系的特征。

由于这些举动和步骤五（创造此后永远幸福的生活）中的其他建议——帮助恢复一个人的延伸区域幸福感，包括亲戚和朋友，斯蒂芬妮现在不仅拥有了家的温暖，也拥有了家庭被扩展的感觉，这正是我们渴望在理性分手中取得的结果。

虽然不是所有这类故事都必须以拥有新欢结束才有资格成为一个幸福的结局，但是，我很高兴地与大家分享，戴安娜的努力得到了一个善良而有爱心的男士的回报，他给她带来了很多快乐。

> 如果我们愿意勇敢而温柔地走进痛苦结局的熔炉中，
>
> 我们将在那里发现等待着我们的礼物；
>
> 如果我们继续紧紧抓住熟悉的安全，
>
> 我们将永远看不到这些礼物。
>
> 格雷格·汉密尔顿

她的心碎让她变得更加深切、清醒、敏感，现在，她明白了：所有的关系都需要关注和呵护，才能保持活力和强度。这听起来很简单，但她以前不懂。她也学会了照顾自己更深层次的感受和需求，并放弃为了向别人证明自己的价值而过度付出。她没有像和布莱恩结婚时那样，夜以继日地工作来支持别人的梦想和创作愿望，而是把自己的创作愿望放在首位，目前她正在创作自己的第一部小说。戴安娜过着比以往更真实、更圆满的生活，为此，她深表感激。

爱的课程可能要付出跳下智慧悬崖的昂贵代价。然而，这些最初不受欢迎的课程里蕴含着巨大的潜力，可以解放我们，让我们过上更真实、更有意义的生活。心理学家荣格，《心碎》(*Heartbreak*)一书的作者吉内特·帕里斯提醒我们："唯一可以避免的痛苦，是与一颗被囚禁的心生活在一起所带来的痛苦。"虽然在生活中我们无法保护自己不受伤害，但是，我们可以通过选择让损失变得美好而躲过它。这就是心碎带来的机会。

慷慨、善意和仁慈的实践

> 我宁愿拥有一双看不见的眼睛，一双听不见的耳朵，一双不会说话的嘴唇，也不愿拥有一颗不会去爱的心。
>
> 罗伯特·提宗

佛教老师肯·麦克劳德谈到了因果报应的概念，许多灵性追寻者认为因果报应是我们行为的因和果。如果我踩了油门，我的车就会开得更快。如果我攻击某人，他可能会反过来攻击我。要么这样，要么生活就会找到一种平衡的方式，也许是在哪天傍晚安排一场车祸，或者是下次去市场的时候让我的钱包被偷。通常我们会被激励去做自己，仅仅是因为我们不想制造"坏业力"，不想因为自私和不成熟的行为而受到惩罚。

然而，这种对因果报应的解释遗漏了一点——在将一种语言翻译成另一种语言、将一种文化的信仰体系翻译成另一种文化时容易丢失的细微差别。

在藏语中，业力（karma）这个词的字面意思是"行为—种子—结果"。肯解释说，藏族人经常用两个或两个以上的词来定义抽象的概念，比如用"近"和"远"来解释距离的概念，或者用"大"和"小"来表示大小的概念。业力，正如它最初定义的那样，意味着我们采取的每一个行动就像播下一粒种子，它将成长为一个特定的结果。业力不仅仅是因果关系，它是指我们所采取的行动，随着时间的推移，将开始使我们的生活朝着一个特定的方向发展。分手时，我们的生物学特性可能想拉着我们采取鲁莽的行动，这其中的挑战是，不屈服于诱惑，播下恶意和报复的种子——它最终会成长为苦涩的果实，我们可能会被迫吃很多年。相反，我们想播下宽容、善意和慷慨的种子，这样，我们的行为最终会成为我们自己和我们所爱之人的财富宝库。你采取的每一个行动、你做出的每一个选择，都会在你的生活和我们的世界中成长。清醒的行动和选择可能不会给你带来复仇的快感,但也不会在你的后院种下毒橡树。然而,它们可以使你的生活丰富多彩。

理性分手的目标不一定是恢复正义、恢复原状或证明自己是正确的,理性分手的目标是为了获得自由。从现在开始,为你自己和你所爱的人创造幸福、健康和基本的美好生活。因此,我们努力把所有丑陋和腐烂的东西都变成堆肥,让它们长出美丽的生命。为了应对由两个相连的边缘大脑造成的恶性循环,我们有意识地观察如何去打断和引导愤怒及反应型的言语和行为的滚雪球态势。没有什么比真正慷慨的姿态更能使事情朝和谐的方向发展。慷慨的姿态,就像把清凉、清澈的水倒进不断恶化的、伤害与怨恨的余烬中,通常情况下,会避免一场可能烧毁房子的熊熊大火,并引导每个人的思维回归大脑皮层,这正是我们需要的——确保所有相关人员的安全和幸福。虽然大多数人无法像戴安娜那样,提供一份巨额的经济礼物,但我们都可以向我们即将离开的爱献上一份温柔而真诚的善意,确保我们走在正确的方向上。

在面对巨大的痛苦和损失时表现出慷慨,可以发现我们最优秀的一面。"慷慨"(generous)这个词与"创世纪"

（genesis）和"生成"（generate）有着相同的词根"生成"（gen），它的意思是"生产（或出生）"。慷慨的姿态开启了新的生命，孕育了美好的开端，将我们从反应和报复的循环中解脱出来。不要把这与相互依赖、相互激励的付出混为一谈，因为付出的目的是为了得到回报，无论是赞同、认可、安全还是爱。慷慨的行为不求任何回报，这是奉献给宇宙的一种以健康为动机的爱，仅仅是一个简单的善行，即使面对悲伤和失望，它也肯定了生活的甜蜜。

表达慷慨的一种方式是通过一个简单的手势，向我们以前的伴侣献上祝福。分手后，我们的嘴上和心中都充满了诅咒和愤怒，说再见的同时送上一份发自内心的祝福会让人难以置信地感动。

多朱和卢西奥已经结婚30年了，当多朱向她的丈夫坦白她想要离婚时，她很难解释清楚为什么。在很多方面，他们的婚姻都是理想的婚姻，他们关系的核心是对佛教的共同信仰，因为他们一起践行着不执着，以伟大的决心和坚定的信仰放弃我执。卢西奥

> 对于那些愿意用心去看的人而言，鲜花遍地。
> 亨利·马蒂斯

崩溃了。在这么多年之后失去妻子，不是他计划中的生活。这是对其信仰的终极挑战。然而，多朱觉得婚姻本身的限制阻碍了她。虽然卢西奥曾经是一个充满爱的丈夫，但妻子的角色不再适合她，她无法忍受继续待在一个让她感到压抑的结构中。卢西奥很不情愿，但也很恭敬地接受了她的请求，同意解除他们的婚姻誓言，并同意给她自由。在她离开的那天，卢西奥开车去了机场，这样她就可以回到远在千里之外的家中。卢西奥检查了她的行李，走到安全门，然后，深深地盯着多朱的眼睛。泪水滑过他们的脸颊，然而，卢西奥微笑着，后退了一步，带着深深的爱和尊敬，向他的妻子鞠躬，祝福她离开婚姻，并祝她一路顺风。她也向他鞠躬，接受了他的祝福，转身，清醒地走开，开始了她的新生活。即使在大约十年后的今天，当她和我分享她的故事时，她仍然热泪盈眶，他的慷慨、善良和善意深深地打动了她。

苏菲派诗人哈菲兹生活在14世纪，他写了我最喜欢的一首诗，名为《太阳从不说》。

即使经过这么长时间，

太阳从不对地球说：

"你欠我的。"

看看这样的爱会发生什么。

它点亮了整个天空。

我并不是鼓励你慷慨大方，建议你愚蠢地拒绝为自己应得之物辩护，因为你正煞费苦心地开始整理和分配你的生活和资产。然而，当你正走在黑暗中时，最好记住这一点：在没有光的地方，你可以选择成为光。

关于爱情终结的新叙述方式

未来学家巴克敏斯特·富勒曾经说过："你永远无法通过对抗当前存在的现实来改变事物。要改变什么，必须建立一个新的模型，令现有的模型过时。"理性分手不是关于我们如何修复一个旧的、疾病缠身

> 我只考虑事物美丽与否，我不思考好与坏。
> 只考虑好看还是难看。
> 我认为，很多美好的东西都难看，而很多肮脏的东西都美丽。
> 约翰·福尔斯

的系统,而是建议我们开始建立一个新的系统,使我们拥有更健康、更明智,甚至更幸福的结局。在治疗和家庭法律领域,许多聪明和敬业的人已经为这一演变而工作了几十年。如果不记住他们的开创性努力,那就是我的疏忽。一种思想在某个时代盛行,总是通过一群人而不是一个人到来,我们中的许多人已经工作了多年,耐心地耕种着土地,等待着这一天的到来。

如果我们现在开始改变分手和离婚的叙述方式,让它更有生命力,我们甚至可以考虑创造一种新的语言。我的好朋友基特·托马斯是电影制作人,也是 CircleOfWisdom.org 网站的创始人。最近他向我指出,关系结束时语言上的负面偏见,诸如:**破裂、分裂、触礁、被抛弃、完了、坏了**,也许是因为一些无耻的**家庭破坏者**,现在,可怜的孩子们正从**破碎的家庭**中走出来,这些词语留下了很多需要改进的地方。当然,还有无礼的单词"**前任**",与负面的词语:**不祥之人、驱逐、残骸、令人恼火**,使人联想到要把某些东西永远从我们的生活中删除。然而,"**理性分手**"这个词本身就为分手的进一步发展打开了一个可能的世界,这就是我的理论，这就是当它被介绍给世界时，会以这种方式起飞的原因。因为语言是具有生成性的，它告诉我们什么是可能的，并激励着我们。新的短语和词汇，诸如：**我们的分开、衍生家庭、前夫、姐（妹）、双核家庭以及后妻**等开始有了意义，可以帮助我们引入更柔和、更温和的方式来描述我们在分手后世界上的亲缘关系矩阵。

尽管本书在很大程度上是关于浪漫结合的解体，心碎和失去却并不只为恋人保留。让我惊喜的是，在它被介绍给世界之后，世界各地的报纸和杂志上开始出现了一些理性分离的漫画。尽管它们大多不关注爱情，而是评论职业、政治和其他类型的结局。在一个流动的社会里，我们大多数人都会更换工作，更换居住的城市，更换专业网络，更换朋友圈，更换灵性社区，就像添加汽油一样频繁，我们不断地分离。由于我们不断地发现自己处于一种放弃现有生活的状态中，以获得创造新生活的可能性，所以我们有必要学习健康圆满的艺术，以便在我们生活的所有领域获益。

虽然很多人都渴望以友好的方式结束爱情，但很少有人能够克服我们的大脑将分手视为危及生命事件的生物学倾向。本书提出的五个步骤将作为一个蓝图，在我们生活压力更大、挑战更大的时期，展现出我们最好的一面，而不是最坏的一面。我希望这些步骤将成为健康分手过程中的指南，就像伊丽莎白·库伯勒—罗斯提出的悲伤的五个阶段一样，是一个路线图，帮助我们理解关于失去和悲伤的情感进程。库伯勒—罗斯的模型就像一个手电筒，可以帮助我们穿过树林，所以，在清晰的思路可能难以触及时，有意识地放松也可以帮助我们做出健全的决定。

不管你喜不喜欢，分手之时，是我们被困在两个世界之间的时候。你不再是过去的你，也不是现在的你。我鼓励你使用理性分手准则，就像你需要的烛台一样，帮助你在这个灵魂的黑夜中找到自己的路，并将你安全地交付到被增强、扩展和丰富的新生活中，这些新生活很快就会出现在你面前。新生活的出现不仅仅是因为分手，但矛盾的是，从许多方面来说，都是因为它。

第四章
如何以及何时做这个项目

而她们待婚期满的时候,你们当以善意挽留她们,

或以优礼解放她们。

——《古兰经》

读到这一章,你可能会觉得自己好像突然被要求走平衡木一般。谈论理性分手是一回事,如何去做是另一回事。不过,另一种选择,就是让芯片掉到它可能掉的地方,或者等待时机来做你的脏活,把太多的机会留给命运。如果你(以及你的孩子——如果有的话)未来的幸福岌岌可危,我邀请你认同自己最坚强、最明智、最勇敢的一面,并下定决心通过全身心地投入理性分手而做正确的事情。

糟糕的结局有一种挥之不去的不幸倾向,让生活和爱情难以继续向前迈进。在我一生所有的遗憾中,最让我留恋的是那些无情的离别。我发现：在更美好的记忆消逝很久之后，我都能痛苦地回忆起那些尖刻的讽刺和阴郁的沉默。研究表明，无论在分手前共享了多少美好的时光，一个地狱般的结局都会毁了你对整个关系的回忆，也会影响你对未来爱情的看法。尽管此时此刻你可能还没有开始考虑下一段恋情（因为这段失恋耗尽了精力），但我要提醒你，你的下一段恋情不会在你遇到下一个爱人的时候开始，而是以你如何结束这段恋情开始。因为深埋心底的看法、尚未解决的残骸和尚未治愈的心不会就此消失；它们埋伏着，等待着，随时准备扑向一个毫无戒心的潜在新伴侣。否则，它们就会以有毒的和具有破坏性的方式渗透到其他关系中，包括你和自己的关系。

> 夕阳西下，音乐已到尾声，
> 最后的甜味，是最甜蜜的，
> 记忆中刻下的，
> 胜过久远的往事。
>
> 威廉·莎士比亚

好的结局，虽然不容易，但值得一试。

理性分手并不是治愈心碎的捷径，它也不是一种灵性上的超级途径，能神奇地使你免于所有的痛苦。当面临失去爱情的时候，受苦是合理的。尽管我非常希望自己可以向你保证,这个过程会在几个简单的步骤中消除你的痛苦,但是没有任何东西能缩短悲痛的有机韵律。然而,悲伤(或痛苦),这最令人恐惧的老师,并不是空手而来的。虽然她可能会暴力地扫除你所知道和所爱的东西,但也会带来珍贵的礼物。当她主动提出,要你把更多的善良、同情、智慧和勇气融入自己的内心时,有时候最好还是听从她的安排。你甚至可以邀请她待上一段时间,至少试着和她成为朋友,因为你意识到,她的出现会让你的生活变得更美好。当你走过最黑暗的夜晚,在茂密的丛林中跋涉时,你所要做的全部,真的,就是学会去爱这寂静柔和的月光,因为生命奇迹般地找到了一种照亮你回家之路的方式,让你可以一步一步地走回去。

这个计划适合你吗?

任何一个人,如果真诚地渴望以正直、真实、善良和有尊严的方式结束一段关系,那么,这个计划就是为你而设计的。这个计划为你而设计,无论你和伴侣同住了30天,30个月,还是30年;无论你现在是正处在分手的过程中,还是正在从刚刚发生的分手中恢复过来，或是在考虑将来是否有可能分手。这个计划为你而设计——如果你是那个离开的人或那个被离开的人；如果你是同性恋、异性恋，或者跨性别恋者。无论你是拥护一夫一妻制还是性开放主义者；无论你是在一段忠诚的婚姻中，还只是希望身在其中；无论你是年轻、年老、富有、贫穷、健康或疾病，关系的破裂对我们所有人来说都是痛苦的；在爱的尽头，没有人能逃离地狱获得自由。尽管如此，如果你暗地里知道这段关系已经结束，很久之后终于鼓起勇气离开，你可能会为终于获得自由而感到欢欣鼓舞。如果这是你的经历，那么这个计划仍然是为你而设计的，以确保你不会与某位新的爱人重复这有毒或削弱的模式。

在这种包容、平等的机会面前，只有一个例外。这就是：如果你做了一个草率的、有点不成熟的决定，要结束一段仍对幸福抱有希望的关系，而且（或者）至少最后一次"全心奉献"的尊严值得被给予，那么你就得去尝试。

你是该留下还是该走?

克劳迪娅和安德鲁结婚已经有 12 年多了。一个周四的下午,克劳迪娅毅然走进我的办公室,坐

> 你越长大,就越意识到,一半的你可以坚定地相信另一半的你同样坚定拒绝的东西。
> 康斯坦恩·霍尔姆

下来,问我怎样告诉她的丈夫她想离婚才是最好的。自从 13 年前他们订婚后,我就再也没有见过她,当时我还沉浸在爱的海洋里。显然,从那以后发生了很多事,克劳迪娅很想赶上我。他们有 3 个男孩,分别是 5 岁、8 岁和 11 岁。她的大儿子被诊断出患有注意力缺陷多动症(ADHD),她花了大量的时间来教他一些技能,以便让他在生活中面对这方面挑战的时候能获得成功。然而,让她负担最重的并不是她儿子的多动症,而是她丈夫。虽然他从未被正式诊断过,但克劳迪娅肯定他有。她开始讲述这些年来收集的、所有支持她结论的证据,最后,她详细叙述了她在这段关系中表现过度的许多方面——安排他的日程,处理他们所有的账单和商业事务,并确保他在工作上表现出色,与其说她是他的妻

子,不如说她是他的母亲。她精疲力竭,不知所措——到了这时,她只想离开婚姻。

在更仔细地研究了这一切是如何发生的之后,我们发现,她花了无数的时间,执迷地试图弄明白自己的生活,而其中的一块石头却从未被翻过。虽然克劳迪娅确信安德鲁患有注意力缺陷多动症,但实际上他从未接受过测试,因此,也从未因无法集中精力完成手头的任务而接受治疗。考虑到其中涉及的高风险,我们决定在她采取激进的步骤去解构他们的家庭之前,做最后一次尝试。

那天晚上,在孩子们都上床睡觉之后,克劳迪娅,倒了两杯梅洛酒,递给她丈夫一杯,向他坦白。她分享了自己崩溃与绝望的感受,努力做到不像过去那样指责他麻木不仁或漠不关心。她坦率地透露那天她离他有多近,让他有机会了解他们的处境有多糟糕。虽然她要求他做多动症测试已经有一段时间了,但她的直接坦率促使他在接下来的一周预约了医生。几个月后,当我们交谈时,克劳迪娅告诉我,安德鲁的检测结果呈阳性,现在正在接受ADHD的治疗。他们还开始与一位治疗专家进行夫妇咨询,他是多动症家庭动力学方面的专家。自从我们上次谈话后,他们的关系明显改善了。安德鲁要为自己的缺陷承担更大的责任,而不是在面对挑战时依靠他的妻子,这把她从做妈妈的角色中解脱了出来。虽然目前还不清楚这段婚姻是否会持续下去,但他们已经采取了切实的措施来改善关系,而且两人都对未来充满了希望,这是多年来他们从未有过的。

对于那些像克劳迪娅一样不知所措的人来说,开启理性分手的进程,应该是寻求与你的伴侣和平共处的许多步骤中的最后一步。我想与你分享克劳迪娅采取的三个强有力的行动,我建议你也这样做。

首先,她寻求专业帮助。虽然她很确定她想要离开她的丈夫,但她还是和我约好了时间讨论这件事,然后才告诉他。在谈话开始时,她已经得出了一个结论,但她的思想足够开放,可以把它放在一边,探索解决她婚姻问题的可能性,而不是过早地拆散家庭。在请律师之前,她先请了咨询师,这被证明是一个非常明智的选择。

挽救你的关系建议1

当你不确定是留下来还是离开的时候，最好先和专业顾问一起研究探讨，帮助你做出明智的决定。

克劳迪娅采取的第二个强有力的行动是分享她的感受，而不是羞辱或责备她的丈夫并得出一个不包括他意见的结论。克劳迪娅并没有把自己的感受强加于他，将他们的问题归咎于他，然后自以为是地宣布她的离开，而是让她的丈夫有机会倾听她内心的想法，并以最终挽救他们关系的方式做出回应。我们很多人都跳过了这一步，只是通过宣布恋情结束而让别人知道事情有多严重。在走到那种地步之前，我们可能一直在安静地沸腾着、唠叨着、抱怨着，却以为我们在交流。然而研究表明，超过90%的交流实际上是非语言的。也就是说，你那令人讨厌的、居高临下的语气，你那充满敌意的、扭曲的面部表情，在你说话之前很久已经出现，这会让你的伴侣感到被轻视、被纠缠，常常会让他陷入一种防御状态，以至于他听不到你说的任何一个字。唠叨和抱怨不能与真诚、严肃的对话相混淆，它通常不会得到我们希望的结果。

挽救你的关系建议 2

在你起身离开之前，鼓起勇气与你的伴侣分享你的感受，不要责备或羞辱他，在做出最终决定之前就这么做，这样他或她就有机会解决和（或）纠正问题。

最后，当她的丈夫采取措施表明他要对他们的关系进行投资时，克劳迪娅也以同样的方式回应了他的努力。只有一个伴侣一直在努力改变的关系是无法维系的。然而，如果你的真心分享得到了回应，你的伴侣开始朝积极的方向采取具体的行动，努力让事情变得更好，我建议你至少试着把那个承诺与你自己的相匹配。许多夫妻会跳一种痛苦的拉锯舞，时而追求，时而疏远。当你向他靠近时，他会后退；当他向你靠近时，你会躲开。当安德鲁伸出手去满足克劳迪娅的需要时，她既没有后退也没有把他推开，她让自己得到支持与爱。我建议你也这样做，看看你们之间是否有什么新的东西出现。

挽救你的关系建议 3

如果你的伴侣对你的担忧做出反应,采取具体行动来改善你的处境,表明他或她正在把你的痛苦放在心上,那么在决定分手之前,尽你最大的努力,真正付出你的一切。

罗格斯大学有一项经常被引用的、名为"我们的婚姻状况"的研究表明:在美国,只有 38% 的已婚人士形容自己是非常快乐的。显然,我们不会那么轻易地离开我们的关系。我们往往能挺过困顿时期,当事情变得艰难时,我们会卷起袖子努力让它变得顺利。然而,在尽我们所能让关系继续下去之后,我们中的许多人最终还是会选择终止这段婚姻。

以下是三个最常见的原因。

首先,人们选择离开是因为他们中的一个或两个表现不好。有人从家庭银行账户偷了钱,他们欺骗了,或者开始吸毒或酗酒。这些行为破坏了婚姻的基本安全,违背了建立关系的基本协议。如果这描述的是你的关系,我建议你去找婚姻顾问来帮助你确定你的关系是否有可能在这样的背叛之后得到治愈和突破。

第二个原因是，在试图（有时是数年）驾驭不兼容或毫无效率或破坏性的交流方式之后，一方或双方都再也无法忍受。数月或数年如履薄冰的生活后，由于害怕惹恼伴侣、长期被误解或无人聆听、或每次一张嘴就觉得自己被贬低，一方或双方就干脆不说话了。也许他们已经容忍战区的生活太久，以至于开始认为争论生活中的每一个细节都是正常的。这些关系涉及的范围很广，从过于疏离———方或双方都放弃了满足自己的需求，在情感上把对方拒之门外，到过于纠缠——双方都很容易反应、自卫，并迅速挑起争端。不管你在哪个极端，这些关系的特征都是，根本无视对方的感受和需求累积起来的怨恨和伤害的残余是随时可能被点燃的导火索。在某种程度上，有些人变得很累、很恶心，只想离开。然而，在结束这种婚姻之前，我建议与一些优秀的教师一起学习，他们会提供先进的沟通技巧。他们可能通过提供新的工具和技术来帮助你超越有害的旧模式，这些工具和技术已经实现了爱、疗愈与和解的奇迹。

结束婚姻的第三个最常见的原因是，我们在不同的方向上成长。大多数人认为这是兴趣的改变,或者是"渐渐不爱了"。但我想说的是,随着时间的推移,人们的核心价值观开始发生变化。过去,人们生来就生活在具有某种世界观的环境中,这种世界观为整个社会所认同,他们的一生都是在这种世界观中度过的。然而,我们生活的世界远比我们的祖先所知道的更加复杂和微妙。我们拥有一种喜欢改变的文化。前几代人看重的是,对一套核心价值观的坚持、坚定和忠诚,与他们不同的是,现在的我们渴望不断拓宽视野,提升游戏水平,充分发挥自己的潜力。在这样的一个世界里,我们中的许多人都觉得有责任成为自己所能成为的人,于是,人际关系将变得不那么稳定。在最好的情况下,我们一起成长。但情况并非总是如此。

底线是:在艰难时刻坚持在一起,是一个高尚而美丽的选择,展现出高度的正直、承诺和品格。然而,如果你的伴侣一直在以言行表示:"我不关心你的感受""我一点也不关心你的需要"以及"我特别不在乎你变化的价值观,也没有兴趣了解你已经成为谁",那么,也许是时候考虑继续前进了。还有一个重要的警告:如果涉及家庭暴力,那么请快跑，不要慢慢走，跑到最近的出口。一旦你安全脱险，就要把一切都解决。拳头不是谈判的对象，身体伤害的威胁也不是可以最小化的。

如果，在考虑了所有这些之后，你仍然在不确定和矛盾的海洋中沉浮，并试图通过这个过程促进事情往一定的

> 如果你爱一个人，就让他走吧，因为如果他回来了，他就永远是你的。如果他不这样做，他就永远不会属于你。
>
> 卡里尔·纪伯伦

方向发生，那实际上是一件好事。通过执行理性分手的步骤，你会更清楚地看到什么是可以改变的，什么是不能改变的。你不仅会学到如何降低自己的应激力，让自己不再是受害者，还会发现自己在过去的困难中所扮演的角色，从而获得改变这种关系的力量，而且你还会从那些甚至不属于这种关系的包袱中解脱出来。此外，你还将学习新的沟通技巧，以加深理解并使你们之间的关系更加和谐。当然，你所冒的风险是，当你探索自己更深层次的认知时，你可能会发现是时候继续前进了；你可能会发现你已经改变得太多，或者变得不那么在乎。有一件事是肯定的：做这个项目将会帮助你

摆脱困境。然而，我确实建议，作为前进的先决条件，如果这件事被证明是正确的，你要百分百愿意对这段关系放手。你可能还需要稍微调整一下这个练习，因为它们可能无法准确地反映你现在的处境。如果是这样的话，我祝福你。

如果你希望你们能重归于好呢？

爱情很难放弃。我的一位性格温和、精神矍铄的客户阿曼达已经五十多岁了，她一直坚定地希望能和她的前女友贝尼塔重归于好。在长达6年的这段时间里，阿曼达甚至连一次约会都没有，她坚信自己有可能和心爱的人重归于好。然而，比阿曼达年轻很多的贝尼塔早就搬去和另一个女人住在一起了，并帮助她抚养两个孩子。然而，每当阿曼达想要放弃希望的时候，贝尼塔就好像能在几英里之外读懂她的心思一样，会发短信或打电话重新开始点燃她们之间的火花，确认她们之间的纽带的力量。通过我们的共同努力，阿曼达意识到她是在用父母的方式爱着贝尼塔，为她的浪子提供了一个情感家园，而没有期望会得到回报。在放下重归于好的希望时，阿曼达觉得自己背叛了她们之间的一份不言而喻的协议,于是做出了清醒的决定,继续前行。一如既往,在接下来的两天,贝尼塔疯狂地发短信给阿曼达。"你好吗?""发生了什么?""我想你。"阿曼达没有回应,只是简单地从自己内心向贝尼塔送上祝福,她充分意识到,如果她能自由地去爱一个新的人,她将不得不离开。

放弃希望就像葬礼上的哀歌,引发一连串的悲伤,仿佛昨天刚刚分手一样。这种对于可能性的最终释放,对一些人来说就像把你爱的人的呼吸机拔下来一样。这是一种阴郁而孤独的体验。然而,如果你希望再一次去爱,你将不得不面对损失,向现实投降:就在这一刻,你们分手了。即使有一些拉扯和进进出出,事实是,你们之间的承诺已经妥协了,而现在,你们实际上不是"一对夫妇"了。

然而,假设你必须在有意识地解除夫妻关系之前放弃你们的关系,这有点像在女清洁工来之前打扫房子(或者因为我们已经超越了性别歧视的刻板印象,清洁人员)。虽然现在还不清楚你们俩是否还会在一起,但有一件事我们可以肯定,那就是你们曾经共同拥有的关系——显然不适合你们其中一方或双方的关系——必须要死去。我们还不知道是否会有一段更健康、更快乐的新关系诞生取而代之。然而，如果你真的得到了梦寐以求的第二次机会，那么下次你要想成功，最好的办法就是，有意识地结束你们之间的关系，为你们之间全新的可能性让路。

通过参与这个计划，你将学到的许多技能、技巧和工具的使用，将极大地帮助你改善未来希望拥有的关系。包括，但不限于因你现在渴望的焦点而重燃的爱情。如果你仍然对和解抱有希望，那么你最大的挑战将是放弃秘密议程，让你的爱人成为你进行这项工作的动力。然而，如果你能设法设定一个健康的目标，仅仅为了正确的理由而努力去做正确的事情，无论理由是什么，你穿越这个计划的旅程都将会更加伟大。

和你的伴侣一起执行这个计划

不管是单独的理性分手，还是与你即将成为前任的伴侣进行一次双线的分手过程，我们都不要忽略这里正在发生的事：你们正在分手。虽然这个计划旨在帮助你以最少的责备、羞辱、伤害和痛苦来分手，但它却只能是个人化的进程，因为你专注于离开你曾经的家，回归内心宁静的孤独。

分手是一件很混乱的事，即使是最好的分手也可能缺乏清晰性和凝聚力。即使是那些有意识地选择分开的夫妇，他们的步调也会有些不同。当你需要从内心深处分享的时候，他需要断开所有的交流，独自一人待着；当你需要和他保持一定的距离时，他突然需要抱着你寻求安慰。这就是分离过程的不完美。然而，一起做这个理性分手计划的好处是，你们将分享如何应对损失，并清楚地知道如何在不留怨恨的情况下继续前进。你们将能够为你们的未来达成一致的愿景，这个愿景会成为你们共同向往的新北极星，为你们前进时面临的许多决定提供指导。通过共同执行这个计划，你将有机会创建新的协议，让双方从现在开始就能清楚地了解彼此的期望。总之，一同分手创造了安全感、凝聚力和克制力，完全不像典型的分手经历，如果有儿童参与，这种分手方式将被证明是特别有价值的。为了帮助你做好这一点，我在每个步骤的末尾都提供了一些指导，以解决可能出现的具体问题，对于那些决定一起进行这个计划的人，这些问题可能会出现。

单独进行理性分手

只需要一个人进行理性分手。利用分手作为你深刻觉醒的催化剂的能力,并不取决于你的前任伴侣。即使他或她表现得像一头野兽,你也不一定要表现得像那样。如果你认为你是(野兽),那么你可能想看看,你那把自己的权力交给别人来决定的习惯,会让你成为什么样的人。

> 凡是失去了他们认为永远属于他们的东西之人,最终都会意识到,没有什么东西是属于他们的。
>
> 保罗·科埃略

分手会让我们暴露出自己的优点和缺点。如果你的前任伴侣倾向于后者,那么你要记住,善意是会传染的,你有比自己想象中更大的力量来影响分手的方向。你可能很容易被别人的不良行为所困扰,但最终分手还是与你有关。通过把你的主要注意力放在自己身上,你就会把这种经历当作一个跳板,开始全新的生活。你会从痛苦的旧模式中走出来,你会发现你真正的价值,你会学会如何解脱出来,让你在未来能够再一次爱与被爱。

事实上,大多数人都是独自完成这个计划的。你们俩分手是有原因的，而且很可能你们对事情该怎么做有不同的看法。这没什么新鲜的。如果你的前任伴侣不选择和你一起执行这个计划，那可能是因为他或她不像你一样重视成长和发展。或者，如果你是被留下的那个人，你的前任伴侣可能已经秘密地计划离开有一段时间了。在这一点上，他可能只是想离开，担心如果他和你合作这个计划，只会把他拉回来。也许他愿意把善意和尊重心的基本原则作为你们之间相处的指导原则，但不一定对这个计划所提供的深入内心反思感兴趣。如果是这样的话，让我们心存感激吧，他愿意以善良且体面的方式离开。不用再需要他的任何东西了。我保证，不论有没有他人的参与，你都能得到你需要的一切。记住，手术台上的病人是你。

另一方面，你可能是那个不想和你的前任伴侣一起执行这个计划的人，你觉得把你们之间的联系减到最小甚至结束，对你是最有利的。有足够的证据表明，彻底的断开是明智的做法，尤其是当我们每次听到他的声音或在拥挤的房间里看到他或她时，我们的荷尔蒙就会重新活跃起来。如果这是你，我全力支持你。理性分手并不一定意味着在结束一段关系后,要继续做朋友。相反,它代表着明确的完成,这样你就可以自由地在生活中前进,而不被虚假的希望、矛盾的依恋和(或)暗淡的梦想所束缚。

> 最终,一切都消失了。
> 伊丽莎白·吉尔伯特

你们中有些人正在进行这个计划,因为还没有完全从很久以前失去的爱中恢复过来。虽然你的前任伴侣可能很久以前就离开了,你在他或她的记忆中只留下一个脚注,但在你们分手的那一刻,有某种东西冻结了。如果这是你,非常欢迎你来到这里,因为在我的心里,失去爱的长期痛苦的受害者有一个特殊的位置,我曾经也是这样的人。

这需要多长时间?

很难说执行理性分手的计划需要多长时间。一些人在极度痛苦的刺激下,在漫长的周末埋头苦干,72小时内就完成整个计划,其间几乎没有停下来睡觉或吃饭。有些人花了整整一年的时间来全面实施这五个步骤中的每一步,将他们所学到的每一个原则付诸行动,然后再进行下一步。

对大多数人来说,这个计划的节奏介于两者之间。对于那些有时间和财力每天投入至少半小时的人,我建议每周执行一步。然而,我也尊重你更深入地了解什么对你最有效,并鼓励你做同样的事。

额外的支持

你可能会发现你需要额外的支持来帮忙处理材料,以及(或)帮助管理你在执行计划的过程中出现的情绪。如果是

> 失去是我们为生活付出的代价,也是我们成长和收获的源泉。
>
> 朱迪斯·维奥斯特

这样的话,你可以考虑聘请一位受过良好训练的理性分手顾问来帮助你。或者,你可以寻求一名好的治疗师、心理咨询师、离婚顾问或灵性导师的支持。正如我之前所说的,有许多非常富有同情心、有资历、有智慧的人,他们一直在努力为那些经历过心痛的人建立支持的架构,我十分鼓励你们充分利用他们的服务。要找到经认证的理性分手顾问的名单,请访问 www.uncoupling.com/CUCoachDirectory。

你可能需要的用品

最后，你可能需要一些物品。这之中最重要的是，确定拥有一本只有你能看得见的日记。在这本书里，我提供了一系列的自我反省问题，你可以在你的日记中写下答案。你需要自由地写下你的愤怒，说出绝对的事实，并做出惊人的坦白，你可能永远不会选择对别人大声说出这些。这个计划有时也会建议你听音乐或创作艺术来帮助你释放一些狂野的能量，这些能量可能会在你处理一些非常具有挑战性的情绪时，穿过你的身体。所以，你可能需要一个 iPad 或者其他的立体声系统，以及一些你喜欢的艺术品。

然后，当然，别忘了纸巾。

第二部分 理性分手的五个步骤

第一步
找到情感自由

> 新的生命在黑暗中开始,无论是地下的种子,子宫里的婴儿,还是坟墓里的耶稣,可能性在黑暗中开始。
>
> ——芭芭拉·布朗·泰勒

在你的理性分手计划中,第一步是学习如何利用你可能正在经历的极度黑暗和困难的情绪能量,例如愤怒、仇恨、恐惧和绝望,将它们从**破坏性**的冲动(伤害你自己或他人)转变为积极改变的**建设性**驱动力。在这一步中,你将创造条件,使你超越痛苦的爱之旧模式,并唤醒你所掌握的力量,用这种破碎来让你的生活与爱的模式彻底进化。

在步骤一:找到情感自由中,你将会:

- 通过学习如何利用你巨大的、势不可挡的情感,来激发和推动你生活中前所未有的变化,去发现如何与你的感觉建立一种强大的联系。

· 意识到这次分手是一个改变生活的机会,从最深层次转变你在爱情中令人失望和破坏性的模式。

· 创建一个安全的内心庇护所,它可以帮助你从一个更深层、更智慧的中心来控制你以及你的情感强度,它可以为你提供无尽的力量、稳定和支持。

· 通过设定你的意图,开始你的全心恢复,让悲伤的离别变得美好。

* * *

有些东西已经破碎了,不仅仅是你的心。

它可能是你在世间的安全感,让你的生活变得有意义的能力,甚至是你对生活和爱的信念。无论你做出了离开的艰难决定,还是处于被留下的毁灭性境地,你所面临的损失很可能是多方面的、深刻的、多维度的。你称之为家的心之所系,那塑造你日常生活的共同仪式和惯例,你所知道的、在你们关系中的"你",你在社会中的立场和地位,你对生活的明确确定性,以及你曾如此小心翼翼地为所有人努力奋斗和保护的未来,都离去了。取而代之的是,一大堆原始的、极度痛苦的、不可预知的情绪,也许是一股巨大的、受伤的骄傲或巨大的负罪感,还有一件可怕的苦差事——解构,然后,重建你的整个生活。

然而,许多经历了失去爱的人却发现了如何利用自己的痛苦作为催化剂,以一种非常有意义的方式转变他们的生活。他们学会了利用情感的海啸作为积极改变的力量,有一天,当他们回首往事的时候,会发现他们的心碎是他们抓住的黄金机会——去创造一种全新的、扩展了的、自由的生活。

离别的冲击

分手能让我们毫无防备地受到重击。在失去爱情之后,你可能会经历创伤综合征,仿佛你是犯罪的受害者一样。哈佛医学院的朱迪思·赫尔曼博士是开创性著作《创伤与恢复》(*Trauma and Recovery*)一书的作者。她承认,"感情的破裂"作为严重的打击之一,与一起惨烈的车祸或家人死亡的恐怖程度不相上下。事实上,研究表明,那些处于痛苦分手过程中的人,其大脑模式与那些经历爱人去世者完全相同。

我们是关系生物,生来就是为了联系而生,深深地依赖于我们所形成的联系。与完全独立和自给自足的自我形象相反(非常感谢),神经科学的最新发现表明,我们人类其实是一群非常贫瘠的人——生理上和心理上都倾向于以某种方式联系在一起,使我们明显地依赖于自己亲近的人。当我们要独立于他人、控制自己的情绪时,我们是特别无助的。由于这样或那样的原因,一段关系的破裂对某些人来说,造成的创伤不亚于断肢,可能会让我们陷入可怕的混乱。对脆弱的人类心脏和高度活跃的人类大脑来说,失去爱不是一件小事,因为大脑容易发出紧急痛苦信号,从而引发戏剧化的内心体验。急性焦虑,一种强迫性的冲动,想要与你失去的爱人联系(当然,"只是谈谈"),几乎无论去哪里,你都在警惕地扫描,并盲目地希望看到他或她,还有

> 爱永远不会知道它自己的深度,直到分离的时刻。
> 卡希尔·纪伯伦

> 西尔维娅就是我自己,被从她那里驱逐;
> 就是自己离开自己:一场致命的放逐!
> 威廉·莎士比亚

想要蜷缩起来并死去的欲望,还有一种令人困惑和恐惧的冲动,想要伤害自己或攻击他人。

这就是每天早上起床的前 10 分钟。

无论是谁发明了"在爱中燃烧"这个说法,一定很清楚这说的是什么。因为大脑不能区分心理和身体的死亡,在引发身体疼痛的同一区域出现了排斥反应,分手的早期也可能伴随着令人不安的身体症状。体温升高会让你的皮肤感觉像着火一样,心跳速度快得吓人,荷尔蒙的释放会导致失眠、食欲不振和高度警惕,还会让你的免疫系统陷入瘫痪。如果分手发生在一段时间之前,你已经进入了哀痛的后期,你可能正在遭受心率和体温的下降,由于身体的惯性,你对饮食的厌恶在持续,而且还无法入睡。在尽你所能说服你的爱人回来,但没有任何效果之后,你可能正生活在沮丧、屈服和绝望的无底深渊中,以及伴随着这种状态的所有生理感觉。

当然,如果你是离开的那个人,你有一个明显的优势,那就是为这一次分手做好了准备。在你鼓起勇气宣布要结束这段关系之前,你很可能已经在内心和头脑中秘密地"分手"了一段时间。也许你甚至已经在其他地方建立了新的兴趣和联系之桥梁，为你的离开做准备，以帮助你更顺利地过渡。然而，无论你站在栅栏的哪一边，爱情的终结都会对心灵产生难以承受的伤害。

分手是被我们低估的创伤之一，令人惊讶的是，对于那些遭受痛苦打击的人，几乎没有什么资源可以帮助他们渡过难关。你所选择的人没有选择你；让你感到可以安全对抗世界的人抛弃了你；你被最了解你的人讨厌和拒绝；或者你选择的那个人没有以一种让你们的关系正常运转的方式出现——这些往往是令人震惊和难以承受的经历。它们可能引发风暴般的悲伤，威胁着要吞没你。陷入绝望的流沙中，这些超出生活的感觉似乎占据了上风，让你只能无助地"继续前进"——像其他人可能会建议的那样。

> 悲伤就像风，一阵一阵地吹来。
> 玛约丽·金南·罗林思

给你的创伤评级

车祸幸存者的创伤等级各不相同，经历分手之人也有不同程度的创伤。把这个比喻说得极端一点，在约会几个月后，轻微的小交通事故就可能会导致这段关系的结束。有一个美好的开始，对未来寄予很高的期望，但这段感情要么破裂，要么就根本就没有根基。也许她开始与新的对象约会，或者，他不再经常打电话，不再常常联系，直到停止联系。这在创伤事件之不良分手的十级评级中，可以被评为二、三或四级。

第二种类型，我们可以称之为撞车分手，这种关系以微妙而普遍缺乏情感协调为特质。这种错位不止体现在易接近性、回应性和参与性上——这是维系爱之结合所必需的要素。随着时间的推移，将夫妻维系在一起的关键问题"你支持我吗？"得到的回答往往是含糊不清、有些心不在焉的"不怎么支持"。通常情况下，当一方的核心价值观发生转变时，他们的参与性就会减少。他或她开始关心那些对他们的伴侣来说是陌生的甚至是有威胁的事情，他们之间的鸿沟不断扩大，直到最终无法跨越，留下一方或双方都太孤独，以至于无法被激励而继续下去。导致这种分裂的多次小的拒绝在某种程度上是可预测的，减少了一点冲击因素，但也不会让你的失落更容易忍受。我们称之为不良分手评级的五、六或七级创伤，这取决于切断关系所造成的经济和社会影响。

还有一种更典型的正面冲突式分手,在这种情况下,交流中激烈争吵的冲突最终会让你们其中一人或双方受益。这种关系的特点是权力斗争、未解决的冲突、高度反应性和纠缠不清的动态,很容易陷入伤人的话语和受伤的、阴郁的沉默中,就像战场一样。双方都履行了太多的义务,而且长期生活在不断的创伤和烦扰事件中。到了某种程度,你们中的一方最终放弃了,撒手了。你们可能在这段关系中投入了许多年,也有很多共同创造的东西。整理你们共同创造的所有战利品似乎是一项重大的任务,也是一项充满恐惧的任务和有着囤积与隐瞒冲动的任务。这在创伤性不良事件评级中可以列为六到十级,取决于你的损失所造成的影响,以及你是否预见到了它的到来。

最后,就是我所说的"粉碎性肇事逃逸式分手"。这在评级上肯定是九到十级,因为你没有预见它的到来。或者,即使你预见到了,由于太忙于试图避免即将到来的厄运,而看不清事情真相。自己不愿意面对危险,而且有一个不幸的习惯,那就是最小化这类证据——生活并非看上去那样。这种分手是一种蒙蔽你双眼的背叛,是一种把你的世界釜底抽薪的谎言，或者是一种具有欺骗性的破坏性行为，似乎会把你的爱变成笑柄。

无论你的分手属于哪个类别，它都是痛苦的一击，为了确保强劲的恢复，你需要被悉心照料。因为在爱的尽头发生的事情将影响你未来的生活，要么让你的生活暗淡地缩减，要么让你的生活美丽地扩展和增强。我认为，我们希望你选择哪个方向是很明显的。

问问你自己：

在一级到十级的评级范围内，一级几乎不存在，十级则完全不存在，通过问自己"这次分手给我造成了多大的精神创伤？"来给你自己的创伤评级。

令人惊慌的安全感的缺失

如果爱为我们提供了躲避生活中的暴风雨的庇护所，那么，当我们最亲密的关系成为险恶的威胁时，我们能转向哪里呢？我们的恋爱关系是我们所围绕的太阳，是我们所呼吸的空气，是我们心灵的家园。当我们的家被攻陷时，就好像一个小偷在深夜潜入我们的卧室，趁我们熟睡时，恶意洗劫了我们最私密、最珍贵的财产。在某种程度上，所有的分手都是一种侵犯；在爱的崩溃中，我们被逐出自己的情感家园，这会让我们深感不安、脆弱、失落和恐惧。

通常，在这种艰难的境况下，我们可能会求助于自己的信仰来帮助自己找到一条道路，穿过伤痛的荆棘。然而，爱情的终结往往包含了一种深刻的精神迷失，因为我们以为自己所知道的、关于生活该如何发展的一切，现在都是颠倒的和横向的。在分手时，我们所理解的关于生命意义的框架，受到了严重的动摇，让许多人无法在基于信仰的实践中寻求慰藉，而信仰的实践曾经带来了清晰与舒适。

我回忆起达拉，一名32岁的虔诚基督徒，在等待"那个人"多年之后，她把自己的童贞交给了那个男人，但不久之后，那个人仅仅给她发了一条短信就打发了她，让她却遭受了一次特别痛苦的分手。她讲述了自己一整年都无法祈祷或参加教堂礼拜的经历。虽然理智上她知道，让她失望的是她的前男友，但她忍不住地感到被上帝背叛了，祂没有保护她免于这个残酷无情的男人的伤害。在达拉最需要她的信仰的时刻，她却无法接近它。她对生活感到非常失望，所有她认为真实的东西都裂成了无数小碎片,她再也无法把它们拼凑起来。心理学家称之为"图式断裂"——我们的世界观不足以处理当前的创伤;当我们经历一场图式断裂时,感觉仿佛脚下的地面已经崩溃了,我们在自由落体。

专家告诉我们,在一次创伤事件之后,我们的首要任务将是恢复安全感。然而,在一次不良分手的几天、几周和几个月之后,我们不但失去了爱人怀抱中的安全位置——一个友好、公平、有序的宇宙,而且我们也可能在与伤害自己或他人的恐怖冲动做斗争,这让我们对自己也感到奇怪的不安全。我们的恐惧并非空穴来风。即使是我们当中心理最成熟的人,也可能会因回想起自己在沮丧时说过的话或做过的事而感到恐惧。有些行为会让我们多年之后还尴尬地问自己:"我到底在想什么?"事实是,我们没有想。

丹尼尔·戈尔曼在他的《情商》(*Emotional Intelligence*)一书中解释,在危及生命的事件中,当我们大脑的反应部分被劫持时,会发生什么。随着警铃响起,紧急信息启动了"战"或"逃"荷尔蒙的释放,这些荷尔蒙在理性思考之前就会调动行动。由于完全受损的判断力使我们无法清楚地估计后果，我们倾向于不顾良心而行事，或不顾一般道德考量而做出反应。以我通常很有原则的学生塔尼亚为例，她每天都在一所主要大学对高调心理学进行统计学研究。在她的丈夫出轨离开她之后，她用敏锐的分析型头脑弄清了他电子邮件账户的密码，开始痴迷地在网络上跟踪他，不顾一切地想知道这是怎么发生的。在描述这件事的时候，她说她失去了内心的任何指引，感到无法控制自己势不可挡的情绪，这迫使她每天晚上花几个小时在电脑前反复阅读他的电子邮件，无论是过去的，还是现在的。

你可能也会感到不知所措，有点失控。由于失去了情感家园，被遗弃了，迷失了方向，你可能会被巨大的情感所淹没，驱使你去行动，甚至强迫你用酒精、毒品、随意的性行为或疯狂购物来自我治疗。有什么可以帮助我们以一种更健康的方式去解除这种带电的情绪呢？这里有一个出奇简单的做法：*给我们的感觉贴上标签*。研究表明，在充满压力的生活中，它能高效地帮助我们做出理性的反应。

加州大学洛杉矶分校的社会心理学家马修·利伯曼博士带头进行了一项研究，他和同事们扫描了30个人的大脑，让他们看一些面部表情强烈的照片，比如悲伤和绝望。最初，杏仁核的活动急剧增加，杏仁核是大脑中与恐惧、恐慌和其他强烈情绪相关的部分。然而，当人们能够将一个单词与面部表情联系起来时，例如：用来描述一张愤怒的脸的"**愤怒**"这个词，大脑活动就会显著下降。利伯曼博士总结说，给我们的感觉贴上标签的能力"似乎抑制了大脑中这些基本情绪回路的反应。取而代之的是右侧腹外侧前额叶皮层，这是大脑中控制冲动的部分"。显然，给我们的每一种感觉贴上标签（心理学家称之为"情感标签"）这种谦逊的行为，会降低我们的激动程度，让我们重新回到生活的驾驶座上。当你能说出自己那巨大的、势不可挡的感觉时，你就会再次感到安全。你又回到家了。

为了帮助你"遏制疯狂"，并在需要的时候说服自己远离边缘，从而确保你不会做出任何事后可能后悔的事情，我提供了以下练习。它将帮助你回归到一个更理智、**更安全的**大脑区域。一旦到了那里，你就可以用你希望在生活中体现的聪明、尊严、智慧和优雅来回应。与其让感觉占据你，不如让你拥有感觉。

用"施受法"建立一个安全的内心庇护所

这个简单而有效的练习是为了帮助你在情绪失控时保持并控制你自己的内在体验。这个练习是与我的同事兼合作了近十年的教学伙伴克莱尔·扎米特共同开发的。[1]

在这个版本的练习中,我增添了一个来自古代藏传佛教的"施受法"(Tonglen),当你所体验到的情绪超出承受力时,这个方法是非常有用的。

1. 保持安静。找一个安静的地方坐几分钟。如果感觉这样做是安全的,那么请闭上眼睛,深呼吸,就好像你可以一直往下,呼吸到会阴一样。进入一个具有深度倾听和接受性的地方,觉察身体的情绪和感觉,释放你可能持有的任何紧张情绪。

2. 远离你的感受。想象你能够从自己的许多想法和感受中走出来,并注意到有一部分的你能够仅仅以一种深切的关心、同情和好奇心来见证自己所拥有的这些想法和感受。请注意,这个内在的见证人拥有智慧和成熟度,能够从一种更广大、更有见地的角度来看待你生活中所发生的事情。

3. 与内在更深、更广的中心连接。保持呼吸。当你这样做的时候,要觉知你内心有一个中心,它比你所拥有的感受更深层、更广阔,在那里,你可以知晓和体验——哪怕只是短暂的片刻——不管你经历了什么,你都没事。

4. 把爱延伸到你受苦的那部分。从这个更深刻、更成熟、更智慧的内在中心,把爱延伸到你被负面情绪淹没的那个部分。当你与成熟和智慧的见证者(这也是你)保持一致时,充分关注受伤的这部分,注意你身体的哪个部位持有这些困难的情绪,并为这痛苦的部分提供支持和怜悯。

5. 欢迎加入并反映你的感受。带着深深的善意和慈悲,问自己以下的问题:

"亲爱的,你有什么感觉?"

仔细倾听你的反应,然后充满爱意地回应自己:

"我可以看出你感到_____(悲伤、愤怒、绝望、被利用,等等)。"

注意:试着扩展你的情感词汇,说出你的具体感受。例如,不要只说"郁闷",而要找到一个能更准确地说出你的体验的词,比如"苦恼的""不顾一切的"或"没有希望的"。(请看下面的列表来帮助你。)

继续问"你感觉如何,甜心?"直到你所有的感受都得到命名和反映。

6.呼出祝福。对于你所确定的每一个感觉,在下一次呼吸时,吸入它,让它直接进入心脏的中心,完全接受它;而在呼气时,呼出祈祷和祝福,祝福你自己也祝福全世界在这一刻有相同感受的苦难众生。重复练习,直到你目前正在经历的所有感受都被处理好。

7. 说出并反映你的需求。现在,带着深深的善意和慈悲,问你自己以下的问题:

"你需要什么,甜心?"

仔细倾听你的反应,然后充满爱意地回应自己:

"我知道你需要＿＿(爱、结束痛苦、道歉、正义、安全、支持、安慰、被看到、被听到,等等)。"

注意:尽管你可能很想立即行动去满足自己的需求,但请记住,最重要的是"关注自己"这一简单的行为。并不是每一个需求都能立即得到满足,但是所有的需求都可以被视作有效的或值得关注的。如果你爱的人没有能力或不愿意照顾你的需求或认真对待它们,这一点就尤为重要。

继续问这个问题"你需要什么，甜心？"直到你所有的需求都得到命名和反映。

欲下载此练习的免费音频，请访问 www.ousuncoupling.com/steponepractice。

为了帮助你更准确地贴上情感标签，我提供了以下这些你可能正在经历的感受：

被遗弃	贬值
害怕	失望
疏远	恶心
矛盾	得不到尊重
愤怒	陷入困境的
灭绝	尴尬
焦虑	被激怒
羞愧	嫉妒
苦楚	恐惧
破碎的	沮丧
失落	愤怒
鄙夷	悲观

忧愁	后悔
内疚	被拒绝
憎恨	悔恨
心情沉重	愤恨
绝望	放弃
被吓坏了	被欺骗
屈辱	伤心
歇斯底里	心碎
不安全	伤悲
忌妒	惊恐
厌恶	陷入麻烦
渴望	不被爱
孤独的	不被需要
失去	过时了
相思	被侵害
悲惨	脆弱
偏执	虚弱
可怜	担忧

当你愿意和你的体验体同在，简单地说出你的感觉和需求，而不是疯狂地试图摆脱它们时，你就是在练习佛教所说的"正念"。它既不是被动的，也不是主动的，而是一种对你自己的人性的深深尊重，因为你要面对一颗拥有爱之心的脆弱。

> 这人类（身体）是一个客栈。
> 每天早上都有新来者。
> 快乐、抑郁、卑鄙、一些短暂的意识作为意想不到的访客到来……
> 对所发生的一切心存感激，因为每一个都是来自远方的向导。
> 鲁米

通过下定决心与你自己同在，拒绝封闭和分离，你的分手将成为一个更圆满的开端，而不是破碎和分裂的源头。虽然我们不能让你免受内心伤痛的折磨，但通过转向你的内心体验而不是远离它，你至少可以善用你的悲伤。

当你允许痛苦使你的心变得封闭，使你成为一个孤独的、不受欢迎的或被虐待的人时，无效的悲伤就会发生。它可能会让你在未来的几个月或几年里过着一种缩减的生活。然而，有效的悲伤，会把你一直

> 如此美好，又如此难以忍受。
> 然而，每当我准备好去承受它时，困难就会直接转化为美好。
> 伊蒂·勒桑

给予别人的爱转向你自己。你可以开始照顾自己脆弱的心灵,带来爱自己之能力的苦乐参半的突破——即使别人拒绝爱你。当你用悲伤的全部力量去打开心扉时,它会让你沉静下来,更深入地去同情和关怀所有的生灵,你将开始以一种连接所有生命的方式进入你自己的人性。

这就是悲伤的悖论。它拥有摧毁或拯救你的力量。选择哪一个由你自己决定。

愤怒的益处是什么?

这绝不是一段轻松的时光。然而,每一种强烈的情感中都包含着让我们觉醒的种子。通过学习从内心深处

> 痛苦就像癌症,它会吃掉宿主;
> 但愤怒就像火,会把它燃烧殆尽。
> 玛雅·安基洛

把握强烈的情感,我们就有机会获得内在所固有的成长潜力。愤怒的情绪之所以特别有希望,是因为它提供了巨大的能量来产生积极的变化。如果你把愤怒的力量转变成一种强大的立场,让自己和他人都珍惜、爱戴和尊敬你,并坚定地宣称:"我再也不能容忍这种事情在我的生活中发生

了!"你就可以让自己从数十年来令人失望的恋爱模式中解脱出来。

让我们陷入愤怒的大部分原因是,分手会让我们重新受伤,就像很久以前我们受的伤一样。这种再伤害的感觉像是最终的背叛。你的爱人是世间唯一一个应该修复你内心旧有伤痛的人,而不是撕裂伤口上的疮痂,让你再次流血。你信任这个人,打开了你的生命、床、灵魂和心,然而,他并没有把你从过去的失望中拯救出来;相反,他像其他人一样让你失望。这是终极的诱饵和开关。从前他是耶稣,现在他是犹大。从前,她是你的亚当的夏娃,现在,她是邪恶。

没有什么会比一场标准的背叛更能激起你的愤怒了——当然,除非你已经被拒绝了。很少有事情能像被拒绝那样激起愤怒。英国剧作家威廉·康格里夫敏锐地观察到:"地狱里的烈火都比不上*被拒绝的女人*的愤怒。"没有一个女人不与不让她随心所欲的人争吵,甚至没有一个女人不为她爱人的不良行为而伤心。无

> 充分接纳悲伤,带来了它自己的礼物。因为在悲伤中有一种炼金术,它可以被转变为智慧,而如果智慧无法带来喜悦,也仍然可以带来幸福。
> 珀尔·S. 巴克

论男女都一样,激起我们所有人愤怒的是被我们所爱之人抛弃。它让我们陷入一种"战"或"逃"的反应,让肾上腺素和压力荷尔蒙如潮水般地涌入我们的身体,引发一种几乎无法控制的能量激增的唤醒状态。高僧一行禅师把愤怒比作垃圾,但他也意识到制作堆肥需要垃圾,而培育一朵花则需要的堆肥:"我意识到我的内心有垃圾,我要把这些垃圾变成营养堆肥,让爱出现。"尽管在愤怒光谱上的所有情绪——从恼怒到怨恨,到愤怒,再到出离愤怒——都很难在不产生更多毒性和痛苦的情况下得到控制,但驾驭愤怒并利用它在生活中取得突破的好处是无与伦比的。因为强烈的愤怒意味着具有巨大的能量,可以用来作为你做出生活中的重大改变所需的决心和动力。而这些改变你可能已经尝试了很长时间。

你知道自己应该拥有更佳的底线多久了?或者挣扎着意识到你应该多为自己说话多久了?或者知道你需要放弃取悦别人、停止为了证明自己的价值而过度付出多久了?说实话,直到亲密关系中自我低估模式狠狠地扇了你一巴掌,你所有关于如何改善自己在恋爱中行为的计划,本质上都只限于理论上。

愤怒有益于健康的地方在于，它能激励你重新获得自己的权利：你有获得支持的权利；有发言权，有权占有空间，有权被倾听；你有权得到尊严、荣誉、尊重和爱。如果你一直在关系中特别依赖对方，把别人的感情和需要置于自己之前：隐瞒真相以免惹恼别人，不愿意提问或设定适当的界线，这一切都是出于怕被遗弃的恐惧。那么，你的愤怒就像新生儿确认生命的哭泣——新生儿被拍打进行第一次深呼吸。你内心的某些东西正在苏醒，你想要滋养那份赋予生命的冲动，把它带到阳光下，让它完全属于你自己。

显然，毫无节制的愤怒会让我们陷入大麻烦。然而，与其表现出愤怒，不如试着跳舞，唱歌，画画，或者绕着跑道跑步。愤怒不仅仅是情感的浪潮，也是一种生理上的冲击，需要生理上的表达，才能找到一条通往建设性目标的回家之路。当你学会利用并支持驱动你的愤怒冲动——把暴行转变成坚持自己的价值观、爱与被爱的权利，以及你现在对自己的生活所做的承诺——随着你变得自由，成长到超越你所认为的自己，所有天堂的大门都可以松动。

问问你自己：

我的愤怒在我身上唤醒了什么？我怎样才能利用这种强度的能量，为我的生活带来积极的改变？我现在愿意维护什么权利？

情绪低落的益处

没有什么事情比亲密爱情的死亡更能提醒我们，我们是多么的脆弱。我们人类是几乎都是在彼此的庇护下生活，以至于失去一段关系就可能变成一种被驱逐和流放。我们都很容易相互依赖，但许多人认为这种依赖是软弱或不成熟的表现。我们认为，心理健康意味着我们可以自我调节和自我维系，不需要别人的介入。然而，大自然并不认同这一观点，而是认为人类是相互依存的生物，天生需要相互依赖。

现在许多科学家宣称，我们人类的神经生理稳定性依赖于与我们最亲密之人的同步，因为我们在爱之联结的芭蕾中强化了彼此的神经节奏。科学家们将这种相互同步的能量交换称为"边缘调节"，它描述了诸如心率、血压、体温、免疫功能、氧饱和度甚至糖和激素水平等生物功能的持续协同微调。简单的同居行为是交流的温床。在两项不同的研究中，将与普通玩具泰迪熊一起睡觉的早产儿，和与"呼吸熊"（一种与呼吸机相连的填充动物，以与婴儿相似的节奏充气和放气）一起睡觉的早产儿进行了比较。与呼吸熊相连的婴儿睡得更平静，比与不呼吸的熊一起睡的婴儿呼吸得更好。虽然随着年龄的增长，我们的自我调节能力明显增强，但我们一生都需要相互依赖。

20世纪90年代，心理学家、神经科学家、鲍灵格林州立大学名誉教授贾克·潘克塞普博士开始研究动物的感觉状态，他认识到，通过研究我们毛茸茸的动物朋友，可以增强对人类情感的理解。他广泛探索的一个领域是，当依附关系破裂时会发生什么。他通过一只小狗从妈妈身边被带走时的行为来进行研究。首先，它会哀嚎，然后哭泣，接着疯狂地寻找妈妈，最后陷入沮丧和绝望的被动状态。这也反映了一个人在失去亲人、陷入悲痛时的行为。潘克塞普的结论是，当我们与亲密之人分离时，正是这同样的神经系统使我们陷入抑郁。当我们失去家庭时，陷入忧郁症不是病态的，而是正常的。

神经心理学家马克·索姆斯解释了潘克塞普博士的研究结果。他认为，抑郁这种毫无生气的冷漠是大自然让我们慢下来的一种方式，这样我们就不能太快地离开维系我们的源头。你可能会认为抑郁的感觉是生命的一种方式，阻止你匆忙地离开爱的联结；这是一种存在性的强制的待期，它要求你停下来，慢慢思考你正在采取的行动、正在做的选择、需要做出的改变，以及需要吸取的教训。联接正是人类的核心，自然会在连接方面出错。

如果没有别的原因，你在爱的尽头感受到的沮丧是对爱之价值的一种赞扬，它提醒你要把你们之间的交流视为神圣，不要轻易地弃之不顾。虽然我们可能生活在一个可随意支配的社会，但我们彼此之间形成的关系是不可随意支配的。即使你觉得自己被所爱的人贬低、抛弃，你的抑郁也在告诉你，你们之间的纽带很重要；即使你的前伴侣试图通过封闭和最小化你的爱而走捷径逃离悲伤，但你的身体——带着抑郁的昏睡——知道不一样的事情，并且强烈拒绝被匆忙关闭。

这些发现反映了畅销书作家伊丽莎白·库伯勒—罗斯的

教诲。她本人与两个孩子的父亲离婚了，直到大约十二年后他去世，她和他一直是朋友。库伯勒—罗斯博士最出名的是，识别悲伤的五个阶段——否认、愤怒、讨价还价、沮丧、接纳。她认识到，所有那些提醒我们的存在之孤独的损失或拒绝，以及我们生活中的稳定性（充其量也只能说是不确定的），都遵循着同样的道路。然而，抑郁症与早期悲伤阶段的区别在于，它是关于接纳你当下遭受损失的现实，而不是否认、愤怒和讨价还价，这些都与梳理、整合或坚守过去有关。虽然我们可能认为陷入抑郁是件坏事，但事实上，这意味着你正在向着正确的方向前进，用自己的方式与生活抗争，因为你在向悲伤的最后安息之地—接纳—爬行。

尽管容忍爱的阴影是件很困难的事情，但最好还是让你的心顺其自然，不要用钢铁般的意志太快摆脱悲伤。相反，花点时间去哭泣，停下来看看你的身体是多么迫切地需要唱出它的悲伤之歌，而不是试图用肉身绕着悲伤走。你内心深处有一种渴望出生的东西，可能需要清理掉上千滴眼泪才能做到。

如果你像许多人一样，在你的一生中，可能一直在逃避孤独，竭尽全力避免独处——一次又一次地让自己被落井下石，以确保总是有人可以帮助你收拾残局。然而，现在，为什么不让那个人成为你自己呢？不要抛弃你自己；不要变得麻木——不要使用那些让我们远离自己的小方法。以你希望前伴侣曾经拥有的方式陪伴你自己。你希望这个人对你做出哪些承诺？意识到这些承诺，然后闭上眼睛，用手抚着胸口，狠狠地对自己做出这些承诺。当你最需要安慰和支持的时候，就这么做，就是现在！

是时候给自己一些爱、关注、忠诚和关心了，这些都是你一生中试图从别人那里得到的。悲伤紧紧抓住你的脚踝，它可能不会很快地放开你。除了你自己，没有别的家可去。当悲伤痛彻心扉的时候，这个简单的手势会给予你全部的关注和承诺，会把深度和善意刻在你的内心深处——比我所知道的任何东西都要多。让自己臣服于人性的脆弱，是一种极度痛苦但又极度能令自己解脱的方法，允许你自己爱上自己毫无防备的柔软的腹部。因为你的爱的温柔被爱的需要，是你最美好的东西。

问问你自己:

我希望我的前任伴侣对我做出什么承诺,而我现在可以对自己做出什么承诺?

你会让它具有什么意义?

你不能相信自己所想和所感受到的一切,尤其是现在,你的想法和感受都是如此地被动和极端,而且很容易建立在对所发生之事(或可能发生之事)的误解之上。恐惧是误解的温床,你的许多重大情感的核心中都有错误的假设。让我们弄清楚一点:仅仅是你感觉在这世间是孤独的,并不意味着你真的孤独;仅仅因为你确信没有人会再爱你,并不意味着不会再有人爱你;仅仅因为你认为自己低人一等、受到伤害或有缺陷而无法再去爱,并不意味着这是真的。

爱情的伤口在我们原本脆弱的地方割得最深。你内心的伤痛可能并不新鲜。你以前来过这里,也许还是很多次。直到现在,你才有了更多的证据来证明你的爱情是如何悲惨。如果闭目一会儿,你甚至可以回忆起第一次发生的事情。也许那时还太小,你还很年轻,无法用语言来描述你的痛苦,因为它可能是在婴儿床里发生的。我称之为源挫折，那是很久以前就存在于你心中的裂痕。它可能发生在一瞬间——一个小小的拒绝、一次令人震惊的抛弃，或者一个小小的不和谐，突然让你意识到你在这世上是多么孤独；或者可能是一点一点地分裂，随着时间的推移，你会遇到一种断断续续的苛刻，一种不可预测但反反复复的虐待；或者是一次性偷走你童年时光的一种忽视。然而，无论何时何地，有一件事是我们都可以假设的，没有一个成年人能帮助你准确地表达出你的困惑和痛苦经历的意义。没有哪个大人让你坐下，并充满爱意地说："不，亲爱的，不是你傻，而是你哥哥害怕，没有安全感。""安吉尔，不是你不重要。是爸爸有酗酒的问题，需要帮助。""不是你不够好。亲爱的，是妈妈有临床抑郁症，这既不是你的错，也不需要你来纠正。"如果没有这种成熟的人来帮助你解释在你的小小世界里发生了什么，那么，关于你是谁以及你在生活中可能拥有什么，你也许会得出非常强大且错误的结论。这些结论成为一种意识的习惯，一种滤镜，你通过它解释并回应生活中的事件，使你的悲伤变得更加复杂。失去你所爱的人让人伤心是一回事，完全认为自己失去爱是因为你根本不可爱,是另一回事。

> 感觉这些感受。
> 把故事丢弃。
> 佩玛·丘卓

就像一只鸽子被编程去寻找回归之路,你的源挫折故事是你带着每一次的再受伤,一次又一次地返回的意识基地。你的每一种困难的感受下都潜藏着一个古老的假设:去爱是危险的,你永远无法从别人那里得到你真正需要的东西,不管你有多伟大,每个人都会离开;或者孤独是你的命运。你大部分的痛苦和绝望都是你在失望时对这个潜藏意义的回应,这更加重了你的悲伤,使这整个经历加倍艰难。

幸运的是,尽管你可能觉得自己像一个被抛弃的、没人要的或不被爱的孩子,但实际上,你是一个多才多艺的、聪明的、有发展的、足智多谋的成年人。尽管一大堆谎言不断地敲打着你的意识之门,试图解释你所处的混乱,但你的成人部分能够整理混乱,使你的经历更有意义。想象一下,在你心灵的中心,有一个超越你年龄的智慧源泉,不断地低语着对生活中所发生之事的深刻洞察和敏锐理解。这个睿智的、深情的、深刻直觉的部分,能够从一个更广大的角度来看待你的痛苦，这个角度是在你永远悲伤的源挫伤故事之外的。你心中的成年人部分知道，虽然生活并不总是公平的，但活着基本上是好的。当一扇门关闭时，另一扇门很快就会打开。你想念的不是从前的爱情，而是你所认为的那个人。无论分手有多痛苦，关系的结束对每个人都是最好的。学会从成年人中心对自己说话，当消极情绪威胁到你的时候，对自己说一些积极的鼓励的话，这会帮助你找到通向圆满的回家之路。

建导师箴言

这个练习最初是由我的同事克莱尔·扎米特创建的，已经被修改为理性分手过程。[2]

一旦能够持有和控制你的巨大情感，将带你更进一步——通过帮助引导对分手做出错误解读（例如："我永远是孤独的""没有人会像她一样爱我"或"我不可能拥有我想要的"）的那部分的你。当你焦虑或压抑，需要恢复情绪平衡时，我鼓励你使用这个练习。

1.命名你的假设。从你的情绪中退后一步，看看你是否能识别出驱使你这样做的潜在假设。你认为分手意味着什么？或者你的生活意味着什么？

例如："我一定是出了什么问题""爱人总是会让我失望，离开我""没有他/她我活不下去"或者"爱是为了别人而存在的，不是我"。

2.挑战你的假设。质疑你的假设。用一种具有慈悲心的凶狠来反击假设的肯定性，不允许自己被恐惧所支配。仿佛你是自己的良师益友般对自己说话，用你的智慧和洞察力来引导自己。

例如："亲爱的，你确实犯了一些错误，这是真的。但这并不意味着你有什么问题""即使感觉没有人会像他/她那样爱你，我们也无法确切知道这是不是真的"；或者"爱情对任何人来说都不容易，亲爱的。我认识的每个人都至少有一次对爱情感到失望，即使是那些现在正幸福地生活在一起的人"。

3.为自己提供关于明智生活的教训。从这个更深层、更睿智、更成熟的内在中心，充满爱心地向你提供人生的课程，让你对自己正在经历的事情有细微的理解。

例如:"亲爱的,我知道你很伤心,但是,当我们敞开心扉去关心某个人的时候,我们就会承担一定的风险。每个人都会有这样或那样的伤心事,我向你保证,你会痊愈的。"

让自己安心,给自己鼓励,即使在经历了深深的失望之后,也要给自己一个能让你相信生活的视角。

4.创建你的导师箴言。我邀请你使用这些安慰、鼓励和支持的智慧话语,创造一个自我安慰的导师箴言,你可以一遍又一遍地对自己说这些话,直到恢复情绪平衡。

例如:"没事,甜心,这就是分手的感觉。这种痛苦很快就会过去,而获得的智慧却会长久存在。我爱你。"

你手上有一个烫手山芋。如果不学会以这种方式与自己相处,那些压在你心头的悲伤将几乎不可能治愈。当然,你也可以选择喝下一瓶葡萄酒,吃上一打甜甜圈,或者整天一根接一根地抽烟来缓解不适。这是你的选择。但痛苦是一个苛刻的工头,你得驯服它,才能不被带走。想象一下,你正处于我的朋友劳伦·弗朗西斯所说的"浪漫康复"期间。你需要用具体的方式围绕"自我关怀"来组织自己的生活。坚持常规，花时间和爱你的人在一起，吃新鲜健康的食物，寻找一个好的教练或治疗师，在大自然中散步，和你爱的人一起读一本伟大的小说。在这一章的最后是一些关于自我关怀的建议。重视它们。现在不是忽视自己的时候。

问问你自己：

当感到不知所措时，我能说些什么安慰、充满力量、智慧和爱的话语来引导和抚慰自己呢？

在这个心痛和受伤的时刻，我能做些什么来展示深切的自我关怀呢？

把这变成美好的事物

1995年，北卡罗来纳大学夏洛特分校的心理学教授劳伦斯·卡尔霍恩博士创造了"创伤后成长"这个词，用来描述那种不仅能让人从危机中走出来、还能让人变得更好的韧性。他说："这并不是说弹性——仅仅是你被打了一拳，跟跟跄跄，然后又跳了起来；创伤后成长是不一样的——当你站起来时，你被改变了。"

著名的女尼佩玛·乔卓以她的畅销书《当一切陷落时》

（*When Things Fall Apart*）为这个世界贡献了非常多的善意。书中坦率地说出了离婚是如何催化了她的灵性觉醒，以及因此而带来了她一生的工作。她带着幽默和谦卑分享了在她的丈夫宣布

> 当你的生命中有了巨大痛苦的时候，你需要一个更伟大的目标。
> 米勒德·富勒

他有外遇并想要离婚后她内心的仇恨。当时，她是一名教师，抚养着前一段婚姻的两个孩子，而这段婚姻也以失败告终。在接下来的几个月里，她内心充满了痛苦的愤怒，促使她以卑鄙的方式行事。在此之前，她知道自己是一个热心和乐观的人，她觉得自己没有准备好面对这深深的黑暗，这黑暗以充满仇恨的复仇和报复的幻想吞噬了她。这些破坏性冲动的持续性和紧迫性，促使她积极地寻找坚实的基础，以便安全立足。为了寻求解脱，她涉猎了各种各样的灵性领域，偶然发现了一篇由冥想大师乔根·特朗帕撰写的文章，这篇文章给了她一种方法，把她的经历变得有意义。在书中，作者声称消极本身并没有什么错，我们的黑暗情绪是"一种能唤醒你丰富而有创造力的能量"。他断言，真正的问题在于消极情绪的衍生——没完没了的指责和持续不断的愤怒。

> 只有在足够黑暗的时候,你才能看见星星。
>
> 马丁·路德·金

然而,这种"能量驱动"的消极情绪并不坏,实际上还可能是有助益的。这种认识诱使她踏上了学佛之路。在不到一年的时间里,她成为一位女尼。此后,她一直在帮助世界各地成千上万的人寻找生命中的安宁和更深层次的满足。

分手改变我们。分手有潜力帮助我们以其他我们原本绝不可能的方式取得巨大的进步。你永远不会回到以前的样子。然而,无论变好还是变坏,都是你自己的选择。你最大的线索是,这场(关系的)结束是否会让你朝着最大潜能的实现和生命的召唤扩展(你自身);或者,在未来的几年里缩小它(的潜力),这将是你应对痛苦而得出的结论。面对巨大的痛苦,一些人会决定永远不再这样爱;或得出结论:他们只是不擅长拥有亲密关系,或浪漫的爱情是为别人而存在的,不是他们。爱情的终点是一个十字路口,有些人会在心碎之后继续过着不那么美好的生活。我希望你不是他们中的一员。

没有比这一刻更好的时间点来捍卫你的生命了。你想让所经历的痛苦洗净你所有无意识的、被恐惧所驱使的,以及你在生活中习惯性表现出来的、模糊的、不真实的你自己。你想利用伤痛，把它转化成一个巨大的承诺，来实现你的潜力、解脱、健康、幸福和贡献，并在你的生活中实现爱。

在这一刻，你可能并不多么在乎成为有潜力成为的那个人，因为你全部想做的就是回到过去的自己。但是，

> 世界伤害了每一个人，而之后，许多人在受伤之处更加强壮。
>
> 欧内斯特·海明威

生活已经看到你无法回到过去，除了前进，你别无选择。你正处在中间那个讨厌的地方。不过，你敢被困死在产道里吗？就像分娩中的母亲一样，你必须把自己推到另一边去。正如温斯顿·丘吉尔曾经说过："如果你正在经历地狱，那就继续前行。"当你挣扎着穿过失去爱的、黑暗且蜿蜒的隧道时，你强烈地想要确定自己会走向光明，那么，尽你所能确保你可以做到。

每当生活让我们大失所望时，我们都有选择的余地。我全心全意地恳求你选择生命、真、善、美和爱。我保证，虽然你现在可能充满遗憾，但这是一个你永远都不会后悔的选择。

问问你自己:

我能设定什么样的目标来支持自己,利用我的痛苦用积极的方式改变我的生活?

步骤一、自我关怀建议

(每天至少2次)

1.写一本只供你自己阅读的日记。写下你的愤怒、失望、愤慨、尴尬、悲伤、内疚和恐惧,表达出你的全部情感,什么都不审查,什么都不评判,什么都不远离。

2.活动你的身体,哪怕只是一小会儿。散步、伸展、跑步、游泳、骑自行车、做瑜伽、跳蹦床、滑冰、举重、拍球、跳舞等。

3.听音乐。听一些能反映你情绪的音乐,然后尽情地歌唱。

4.寻找机会善待他人。尤其是那些比你更痛苦的人。

5.参访伟大的艺术。记住你现在所感受到的许多东西,历史上的许多人都感受过,他们从自己的痛苦中创造出了美好的事物。去听交响乐、歌剧、看戏剧或去参观博物馆。

6.坐在星空下,仰起头来回忆宇宙是多么的辽阔,它承载着多少爱的可能。

共同进行这个计划的夫妇请注意:

在理性分手过程的第一步,彼此采取一种更正式的姿态,从你们平常相处的方式后退一步,让双方都能接受你们正在经历的改变。在爱、认可、安慰自己和(或)寻求外界支持、帮助你之前,不要指望前伴侣爱你、认可你或安慰你。要格外有礼貌、体贴、尊重对方,但不要"关心"对方的难处。给对方时间和空间来独立处理正在发生的事,要支持别人、慷慨大方、善良,同时也要有更大的自主权。

注释

[1] 这一练习最初被称为"每日力量练习"(Daily Power Practice),是女性力量变革课程(参见:www.FemininePower.com)的一部分。这个练习源于史蒂芬·吉利根博士的自我关系心理疗法。

[2] 最初的标题是"变革性的自我谈话",这个练习最初是由克莱尔·扎米特为**女性力量九个月掌握计划**的学生们创造的。

第二步
收回你的力量和你的生命

> 抛弃过往,留下真实。
>
> ——杰夫·布朗

在理性分手计划第二步中,你将放弃成为爱情的受害者,改变自己的观点,开始为你在所发生的事中所扮演的角色承担个人责任。通过这样做,你将开始看到你如何成为自己的痛苦之源,并从某种程度上解脱了自己,让你不再重复这种方式,使你超越爱情中令人失望的模式。

在第二步中,收回你的力量和你的生命,你将会:

· 让自己不再是受害者,创造一个完整而准确的分手故事,走上一条平静的道路,真正完成分手。

· 以一种滋养你的力量,并支持你超越爱情中痛苦模式的方式反思自己,将之作为你经验的源泉。

·释放那些无意识的、习惯性取悦他人的、自我放弃的、过度付出或容忍不足的行为,开始以能反映你真正价值的方式生活。

·学习如何以一种将你从怨恨和后悔的残渣中释放出来的方式来弥补你自己。

·超越建立恋爱关系时的自己,并发现如何真正信任自己能够再次去爱和被爱。

* * *

你需要讲述这个故事:在脑海里一遍又一遍地回顾它,努力将零碎的、参差不齐的记忆和信息拼凑成一个连贯的整体。所有你本应该看到的迹象,所有你本应该知道的事情,都随着你亲密生活中模糊的细节闯入意识,被你觉察而渐渐变得清晰起来。仔细思考错过的蛛丝马迹、不合时宜的谈话,以及事后才明白的致命错误,你试着编织一个你可以接受的故事,而这个故事将会成为这段恋情的"遗产"。

你的故事很可能大多围绕着你被误解、虐待、贬低和冤枉的多重方式展开。它可能以可悲的方式把这种心痛带给你，因为你收集了大量弹药，折磨自己多年。你的被伤害、责备和羞辱的爱情故事会在脑海里一遍又一遍地循环，在你挣扎着弄清楚出了什么错、谁该受责备、为什么要受责备的时候，你会集聚起力量，获得动力。所有这些沉思都是为了保护自己不让它再次发生，因为你怎么能生活在一个你认为神圣而珍贵的东西能瞬间背叛你的世界里呢？在那个世界里，你的身份可以从你的脚下被偷走；在那里，你未来所指望的一切会在一瞬间消失。你怎么可能生活在这样的地方呢？

> 当你抱怨的时候，你把自己变成了受害者……
> 所以，改变这种状况……离开这种环境，或者接纳它。
> 其他的一切都是疯狂的。
> 埃克哈特·托利

如果你是那个离开的人，你的故事可能会采取不同的思路。少些震惊，多些痛苦，当你第一次找到勇气和力量来挣脱束缚时，你可能会感到欢欣鼓舞。然而，为这场重大的解脱铺平道路的，是你前伴侣无数微小的怠慢、缺陷、失败和不完美；因为几个星期、几个月，甚至几年以来，你一直在耐心地收集不利于他/她的证据，这给了你坚定的理由，你别无选择，只能离开他。你感到内疚，但又有足够的自我正义的愤怒来推动你在道路上前进。你的分手故事将讲述你在这段关系中被忽视、不被欣赏以及孤独的许多方面，再一次从片面的、明显受害者的角度讲述。

不管怎样，如果你试图将这种分手融入你不堪重负、支离破碎的心灵，那么你的大部分注意力可能会被吸引到责备上，因为你会小心翼翼地编造一个抱怨的故事，以证明你的愤怒是合理的，也是有充分理由的。你的前伴侣可能表现得像一头野兽。他让你失望了。她没有遵守诺言。他是具有欺骗性的。她是个骗子。发生的事情很可能是糟糕的、不公平的、不道德的或自私的。她可能确实应该被赶出城镇，被迫戴上驴耳朵和一顶蠢帽子，并在屁股上打上烙印，以此警告她未来的任何潜在情人。

然而，**更加**真实的是：只要你的注意力集中在他/她做了或没做可耻的、错误的、坏的、不道德的事情上，你就不会发现，你要为自己所处的混乱境况负责，其中包括你自己所有隐蔽的、有毒的行为方式。即使97%都是怪物的错，但除非你把握自己那3%的所有权,找出如何改变你在关系中的行为方式——使你容易在爱情中被夺取主动权、失望或虐待——你将永远无法相信自己,以再次完全打开自己的心以及另一个人的心。

> 一个问了美好问题的人,总会得到美好的答案。
> 库明斯

如何激励你为自己——你受苦的源头——承担责任呢?这个问题"我的注意力在哪里?"需要成为你的咒语,因为你会不断地把注意力从指引你的方向上移开,你的大脑会自动地被吸引过去,你需要对着镜子看清楚你在事情中的角色,这样你就可以从现在开始做不同的事情。

问问你自己:

我的注意力在哪里?

了解:你自己是你所经历之事的源头

当我们第一次试着理解自己是痛苦的根源时,我们通常会先问一些自我反省的问题,这些问题会让我们直接陷入羞愧、自我憎恨和自责之中。我总是不得不提醒人们,这种

"我到底怎么了?"之类假惺惺的问题,比如:"为什么我总是做错事?""为什么每个人都离开了我?""当我陷入困境时,谁会爱我呢?""什么时候生活会让我崩溃?"或者"我怎么会如此愚蠢?"只能作为你的源挫折故事的进一步证据,证明你"在恋爱时不知何故被诅咒"的错误结论是正确的。

为了摆脱这种关系模式——相互依赖、爱情上瘾、虐待和(或)忽视的模式——你必须学会问自己一些问题,这些问题可以帮助你获得成长,确保你永远不会再犯同样的错误。因为对于每一个以自我为中心、自恋的男人来说,总有一个女人为了赢得他的好感而习惯性地自我放弃和消失;对于每一个喜欢评判和批评的女人来说,总有一个缺乏安全感的男人拼命地出卖自己,试图获得她的认可。而如果你是同性恋,好吧……你懂的,对吧?是的,别人可能会搞砸。但你的主要注意力需要集中在你自己身上,这样你就能发现让自己重复这些令人痛苦的关系模式的所有方式。

现在,你的任务是收回你的力量和你的生命。只有当你开始问自己这样的问题——激励你无情地诚实面对所有这些:你已放弃自

> 责备是弱者的信条。
> 史蒂夫·马拉波利

己的力量、自我破坏、远离真相和（或）表现得不如原本的你——时，这才可能发生。我知道，你突然想放下这本书，去吃一杯哈根达斯。但请不要，请和我待在一起。因为一旦允许自己清楚地看到你一直在无意识地让自己和别人重复你悲伤的源挫折故事，你最终会获得做出不同选择的能力；因为负责任的自我反省是重新获得力量的开始。然而，如果你不选择在受害故事的基础上建立一个圣地，你将永远无法获得你需要的、以任何有意义的方式改变爱情生活的力量。

支持你成长和进化的问题有：

在这段关系中，我是如何放弃自己的力量的？我能做些什么来收回它？

我是如何让自己失望的，就像我以前的伴侣让我失望一样？

我在哪里用拒绝照顾自己的方式让我以前的伴侣照顾我？这让我们付出了什么代价？

为了维持这段关系，我对自己撒了什么谎？

对我来说，选择一个如此明显无法联系上的人，是怎回事？

我过去什么令人失望的故事又在这里重演了？我是如何不知不觉间重新制造了它？

当你能够接受事物的本来面目，能够以一颗温柔、谦卑的心来面对你自身的矛盾、面对人性缺陷的复杂性时，你的生活就能够开始从根本上往好的方向转变。

总有一个受害者的故事要讲，而且大多数都非常有说服力。当我的客户莫妮科结婚5年的丈夫拉里离开她和他们3岁的儿子扎克里——一个患有唐氏综合征的孩子时，他们的朋友和家人没有一个人知道为什么。而且，一旦他开始拖欠孩子的抚养费，他就得到了无情自私的名声，就连他的母亲在这段时间也不再和他说话。然而，莫妮科的功劳在于，她并没有因为明显的不良行为而选择一条捷径。虽然她很难过，但在回到法庭之前，她暂停了，努力把注意力转移，尝试发现自己是拉里的不支持和抛弃的根源。通过这样做，她获得了极为清晰的视野，从而改变了她的生活。

莫妮科早年生活坎坷。她的父亲是吸毒者，母亲是一个妓女，她不得不在一个令人震惊的年纪自谋生路。她记得自己两岁的时候,站在一个开着的冰箱前,在架子上搜寻食物。她的源挫折故事是,她在生活中是孤独的,没有人照顾她,这在她的心里留下了一个巨大的坑洞,多年来,这个坑洞以各种方式和各种各样的伴侣重新打开。

> 自由是乐意为我们自己负责的。
> 弗勒贝尔·尼采

我们中的许多人都建立了这种类型的关系,在这种关系中,我们可以看到童年时期的伤痛是如何一次又一次地与我们的爱人上演的。然而,这就是我们大多数人得到的,我们不仅成为自己的父母以及我们所选伴侣的受害者,也成为我们自身意识的受害者,这意识似乎多多少少找到了某种方式重复令人痛苦的失望,尽管我们付出了许多努力想要发展。当然,当莫妮科看到她的前夫拒绝照顾她和他们的儿子时,她有一种深深的绝望。

> 人们放弃自己的力量最常见的方式是,认为自己没有力量。
> 爱丽丝·沃克

不过,我鼓励她,为她自己所做的那些导致目前状况的选择承担责任,从而超越任何受伤害的感觉。而这正是她看到的。她内心的一部分永远是一个两岁的孩子：坐在房间中央，屏住呼吸至脸色发青，直到有人来照顾她。她承认，在她的整个婚姻中，她一直在让这部分的自己主导着，拒绝赚钱，尽管她的丈夫一再央求她出去工作。她坚持让他以她自己很容易做到的方式照顾她，尤其是在他们的孩子出生之前。然而，他们的儿子一出生，她就有了不去挣钱的借口。她已经准备好要在未来的几年里依靠他的财政支持，而他却造反了，并大声、明确地告诉她，他不会是他们两人余生唯一的依靠。

莫妮科惭愧地承认她的行为是多么幼稚和自私。然而，这是她第一次意识到自己内心这个蹒跚学步的孩子。在这样做的过程中，她最后得到一个选择：她想待在地板的中央（打个比方）踢打和尖叫，并继续这个被剥夺和忽视的悲伤故事吗？或者她想要减少童年的损伤，为她的生活负责，并学会以一个强大的、足智多谋的女人的身份站在这世上？当我们这么说的时候，这是很容易理解的。

现在，拉里和莫妮科之间是很好的、共同抚养孩子的伙伴关系，他们友好地共同抚养他们的儿子。她在经济上照顾自己，他们两人都为儿子的经济生活做出了贡献。她作为一名企业家和人生导师，在自己的梦想职业中表现出色，以独特的智慧、聪明才智和敏锐的心智而闻名于世。这都是因为，尽管他明显有错，但她拒绝成为受害者，而是选择为自己承担责任。

我鼓励你看透表面现象。要超越你前任伴侣明显的负罪感，要对自己如何重新创造了如过去那般受伤的情境报以好奇。如果你是那个明显错误的一方，内心充满了罪恶感，那么你就会无情地转向以绝对客观的眼光审视自己的行为，寻找你所做选择的真相，以及是什么激励了你。重要的是，我们要学会正视自己的错误，让这些错误的后果触动我们的心灵。这被称为**良心的谴责**。这是一件好事，因为这意味着你正在成为一个更加真诚和成熟的人。

> 如果我们不能够改变环境，那么我们就要挑战改变自己。
> 维克多·弗兰克尔

通过发现你自己是你所经历之事的源头，那么你本质上正在成为真理的追寻者。当然，重要的是，这不仅仅是你个人的真理，也是客观而非主观的视角，即使这意味着你对自己的看法不再那么讨喜。首要法则：你要对发展自己比对保护自己更加感兴趣，对严格诚实比对正确更加感兴趣。当然，看清楚自己，是一种令人谦卑的经历。然而，正如"匿名戒酒会"中所说的那样："你不可能同时护住自己的脸和屁股。"

问问你自己：

当我不再指手画脚，而是透过表相来审视自己的行为和选择时，关于自己如何应对这种情况，我能看到什么？

你的分手故事：一个创造性的练习

最终，你会想要弄清楚发生了什么，方法是叙述一个分手故事，这个故事尊重你们的共同生活，珍惜通过你们的结合所学到和得到的一切。

然而，在这一刻，你分手的恐惧可能存在于你的身体里，它是一种紧张、一种痛苦、一阵短促的呼吸、一种沉重（的心情）或一声压抑的尖叫。挪威画家爱德华·蒙克与已婚表亲相爱两年，在不愉快的分手之后，创作了自己的杰作《惊声尖叫》(*The Scream*)，画作中呈现了存在性的恐惧，感觉像是失去了心爱的某个人。

作为一种帮助你结束故事的方式,我邀请你画画、雕刻或写下它可怕的部分,以从你的身体里摆脱它。这里是你成为受害者的地方,是产生被拒绝、被羞辱、被压迫、被抛弃或被虐待的阴暗情绪的地方。看看你是否能在颜色、形状或语言中捕捉到无力、愤怒、羞耻和绝望。要关注你的情感中纯粹的人性,不要在意你是否准确地描绘了这个故事。夸张、润色、放大和膨胀,用颜色、阴影、形状图案的旋涡释放炽热的愤怒、黑暗的绝望和冰冷的无助。

通过允许自己创作无拘无束的作品,你正在记录深入自己脆弱人性的旅程,并帮助自己走向接纳与一体化的光明。当完成时,把这项工作放在你的祭坛上——如果你有祭坛的话,作为你想要通过这项工作到达一个有意识的、圆满之地的象征;或者只是把它放在一个私人的、安全的、没有人会看到的地方。

> 为了你所失去的每一件东西,你都会得到别的东西;为了你所得到的每一件东西,你都会失去别的东西。
> 拉尔夫·沃尔多·爱默生

补偿你自己

到了现在,你可能开始怀疑,你一直希望从前任伴侣那里得到的补偿,实际上可能是你自己给自己的。当凯特,一个聪明、事业有成、年近40的女人,遇见杰克时,她为他而倾倒。她取消了与一位好心肠男人的婚约,他爱她、追求她,希望与她结婚。而杰克迷人、优雅、富有、英俊得令人难以抗拒,在凯特把自己越来越多的精力投入到这段感情中去的时候,杰克用承诺的胡萝卜做了5年的诱饵。为了满足他的需要,她放弃了自己的事业,为了与他走得更近,她离开了家庭。她做出了无数的牺牲,不遗余力地劝说他娶她,给她想要的家庭。然而,44岁的时候,她的医生告诉她,要孩子已经太晚了。这时,杰克突然决定要组建家庭。他很快就离开了凯特,与另一个比他小10岁的女人结婚,并在一年内让他的新娘怀了孕。

第一次听到这个消息时,凯特在床上躺了一个星期。然而,随着时间的推移,她的痛苦并没有减轻。她觉得自己是受害者,愤愤不平,灰心丧气。有人建议她仔细考虑她自己的选择,对所发生的事情负责,因为很明显,有充分的理由表明杰克是一个怪物。然而，一旦她愿意在这场灭亡的关系中寻找自己的原因时，马上就有了新的理解。首先，她承认杰克对她的抛弃是她在整个关系中对自己之抛弃的完美反映。她放弃了一切——她的未婚夫、她的事业、她与家人和朋友的亲密关系，甚至她做母亲的梦想；而他则没有抛弃任何东西作为她许多牺牲的先决条件。回顾过去，她看到了无数的例子——她如何努力证明自己的价值，说服他选择她，尽量减少自己的感觉、需求和欲望；她不发表与他不同的意见，也很少引起什么影响，她拼命地想成为她认为他想要的女人，但却让她自己很失望。付出如此之多，最终，真的没有可以爱的凯特存在了。在伤口上撒盐的是，有传言说，杰克娶的那个女人有着庞大的生活和事业，需要杰克围绕她来安排自己的生活，以维持他们的关系。杰克似乎为他的新婚妻子感到骄傲，显然，他简直不能再做更多的事情来表明他愿意与她成为伴侣。虽然承认了这一点，凯特还是觉得很惭愧，但她明白，并不是杰克应该补偿她，正是她自己需要对自己做出弥补，因为她以无数的方式抛弃了自己的力量，才进入了那样的关系。

这个洞见改变了凯特的生活。她打算弥补和杰克在一起时的自己，不再像以前那样自暴自弃。认识到她仍然相信杰克是适合的男人，她开始着手成为更明智、更成熟、更快乐、更健康的自己，以便进化成一个不会对杰克这样的人——糟糕地对待她——感兴趣的女人。尽管做起来很困难，但凯特不再以过度付出和取悦他人作为让人喜欢的方式，并且，在支持他人之前，她首先专注于成为一个知道自己的想法、对自己真诚的人，并努力发掘自己的潜力。她开始与朋友和家人建立健康的界限，开始与身边的人分享她的感受、需求、意见和愿望，并健康地期待他们足够关心并适当地回应。

今天，凯特幸福地嫁给了一个善良、成功、聪明的男人，他们收养了一对双胞胎女儿。现在，她非常感激杰克伤了她的心。她相信，她利用心碎作为警钟的决心，促成了自己的成长和发展，仿佛她的生命取决于它（当然，确实如此）。这么确信的原因是，今天，她的生活是如此快乐和满足。她承认，和杰克在一起时的那个被动的、取悦人的女人，她现在甚至都认不出来了。那个版本的她也不是适合杰克的伴侣。她现在相信，他为自己做了明智的选择，在这一过程中为他们俩都做出了巨大的贡献。

补偿你自己

为了帮助你不断超越，不成为受害者，并开始自我弥补，我邀请你拿出自己的日记本，思考以下问题：

1. 你讨厌谁，为什么？注意你对前任伴侣（以及任何与你分手有关的人）的怨恨，把它写下来。不要审视自己，或试图说服自己摆脱痛苦和愤怒。把它写下来，因为它存在于你的身体里。

例如："那个混蛋毁了我的一生""那个女巫毁了我再次信任别人的能力""那个小偷偷走了我最后的生育年龄""我恨自己破坏了我获得幸福的机会"。

2. 在每种情况下你能承担什么责任？退后一步，改变你的观点。认识到承担责任并不是承认某件事是你的错，也不是宽恕不良行为，看看你是如何促成事情发生的。

问问你自己：

我在哪些方面把我的权利给了这个人？

我在哪里可能忽略了自己的想法，忽视了自己的感受，或者避免说出真相和（或）要求澄清？

我是如何努力让别人更爱我、更想要或更认同我，而非努力建立一种真实的联系？

为什么我不去做我知道自己该做的事，那也许可以避免一次糟糕的经历。是什么让我犹豫不决要不要去做？

在哪些方面，我自私、不友善甚至虐待，可能导致我的前伴侣以防御性和破坏性的方式做出回应？

我做出了哪些选择，这些选择对事情产生不良进展影响，又是什么促使我做出这些选择的呢？

3.在你的生命中，你还付出了什么代价，才会这样放弃自己的力量？你以一种与你真正的价值、权力、智慧、良善和价值观相悖的方式呈现了自身，从而付出了代价。

例如："不愿意设置适当的界限，已经让我生命中的每个人都学会了利用我""在我应该说话的时候，守着我的真相，保持沉默，为我的孩子树立了一个受气包的榜样""把自己交给一个不重视我的人，我就剥夺了自己被爱的机会"

"我只追求我相信自己能控制的人,这让我一次又一次地令自己不满足"。

4.在前进的道路上,你需要对自己做些什么补偿?让自己致力于积极的成长和发展,以便让自己超越这些具有破坏性的和自我挫败的行为。

例如:"我承诺尊重自己的感情和需要,就像我尊重别人的感情和需要一样""在我非常了解某个人之前,不会与之发生性关系""从现在开始,我要代表我自己去谈判,而不是默默地忍受被利用的痛苦""我承诺更加关注自己的内在感受,要有勇气凭我的直觉行动"。

注意:当我们将自己从旧模式中解放出来,进入新的人际关联时,首先发现的是,我们不知道如何以这种方式与他人交流。也许在你成长的家庭里,从来就没有健康的交往方式作为榜样,或者你没有被鼓励去学习一些基本的技能,这些技能可以让你维护自己的界限,解决冲突,或者与人交流你的需求。到目前为止,你可能在这些限制面前感到无能为力,好像被你自己缺失的发展所挟持。幸运的是,我们人类是不断进化的生物,在出生时就被赋予了学习新事物的非凡天赋。考虑到这一点，我请你回答以下问题。

5.你现在需要培养什么样的新技巧和能力，来持续发展这种生活方式？为了弥补这些不足，你需要发展新的技巧和能力。看看你是否能准确地识别出它们是什么，并接受学习它们的挑战。

例如："为了与他人分享感受和需求，我将学会识别它们""我将学会为自己的利益而谈判""我将学习如何设置适当的边界，以确保自己不被再次利用"，和（或）"为了忠于自己，我将增强自己的能力，去容忍别人的反对"。

想要免费下载这个练习的音频，请访问

www.ousuncoupling.com/steptwopractice

在这一点上，你可能认为你自己是你们关系破裂的根源，以至于你想要拿起电话、写一封电子邮件，或者开车去前任伴侣的家，试图把事情纠正。如果你感到有必要采取这样的行动，我不会挫伤你的热情。然而，如果你在这个过程中停留的时间更长一些，那么，在你重新投入之前，我还想给你提供更多关于意识完整性的拼图。除非你们在一起执行这个计划，否则我建议你们等到完成第四步以后再扩展自己，使事情变得更正确，特别是如果你仍然有点相思病的话。想要做出弥补的冲动往往伴随着一种想要和解的秘密愿望，你可能希望通过对所发生的事情负责，让你的前任伴侣改变他或她离开的想法。这是可以理解的，然而，它却以一种偷偷拉着对方给你东西作为回报的打算，玷污了这种补偿。在理想的情况下，你的补偿应该是纯粹为了纠正错误，减轻痛苦，开始疗愈，或者在你把这个人从你的生活中释放出来时，送上你的祝福。在太快行动之前，先检查一下自己的动机。

> 我想要一个完美的结局。现在我终于明白，有些诗不押韵，有些故事没有明确的开头、过程和结尾。生活就是不知道必须改变，把握当下，充分利用它，而不知道接下来会发生什么。
>
> 吉尔达·拉德内

有意识的分开并不总是意味着一个整洁的结局。有时，这意味着你会从习惯性的无意识行为中醒来，明白你的行为和选择对自己和他人造成的伤害，并利用这种看清自己的不适感来激励你在未来做出改变。

莉莉是一名30多岁的室内设计师，当她把注意力从责备转移到理解自己是分手的罪魁祸首时，她为自己对前男友——43岁的当地银行经理杰森的恶劣态度而悔恨不已。在他们交往的前6个月里，一切都很顺利。说话温和、严肃的贾森经常约她出去，似乎真的很关心她。然而，在某个时候，他开始减少打电话。有时，她一连有三四天收不到他的音信。当莉莉问为什么时，她的话与其说是询问不如说是指责。他试着安慰她，说这是一年中他往往不得不工作更长时间的时候，表明在一两个月后，事情会恢复正常。然而，莉莉却焦虑不堪。她开始对他施加压力，让他更多地关注她，并利用她的性行为试图让他肯定她的价值。她会不由自主地给他打电话并留下性感的信息，希望他能马上给她回电话。如果他不这样做，她会感到受伤害，被拒绝。在做爱的时候，她问他这是不是他所经历过的最好的性爱，但这个问题似乎让他感到不舒服，也没有准备好怎么回答。当她没有得到她想要的安慰时，她变得挑剔起来，开始指责他是一个漠不关心、两面三刀、自私的人。事情迅速向不好的方向发展。当杰森和她分手时,他完全切断了与她的联系,骂她虐待狂,禁止她再联系他。

> 爱是无条件的。
> 关系不是。
> 格兰特·古德曼德森

分手后的几个星期过去了,电话一直没响,莉莉有时间反思自己的行为。非常尴尬的是,她看到了自己的行为是多么得不成熟、具有操控性和破坏性。她看到,很久很久以前,酗酒的父亲拒绝了她,这伤害一直未愈,但这与杰森毫无关系。她渴望直接道歉,但他与她毫无瓜葛,拒绝与她的沟通。她意识到自己伤害了他,但却没有能力做出直接的弥补。她发誓,再也不会和另一个男人这样了,她承诺要改进自己,并把学到的经验教训作为纠正错误的方式。

不是所有的东西都能收回。以下是一位 Facebook 好友最近的分享:

拿一个盘子,把它扔在地上。

好了,完成了。

它碎了吗?

是的。

现在,对它说抱歉。

对不起。

它回到以前的样子了吗?

没有。

你明白了吗?

我们不可能总是挽回我们所造成的伤害,为此感到难过是正常的。普通礼仪的规则是正确的,当你违反了这些规则时,你会感到有点恶心——这意味着你不是反社会者。多年来,我明白,最好充分关注良心的痛苦,深切地尊重我们所面临的挑战,让我们变得更成熟、更积极、更有道德。这就是生活无情的教训,让我们不断地变得成熟、获得洞见并觉醒,而这些似乎只能通过无数的不幸和错误才能来到我们面前。

我们极度渴望从这混乱的悲伤(怨恨、伤心、沮丧和遗憾)阶段中解脱出来,这渴望可能会迫使我们匆忙行动,急于原谅。然而,世界首席宽恕专家之一的斯坦福大学的弗雷德里克·路斯金博士告诉我们,宽恕是我们旅程的终点,而不是起点。他声称：在经历了多次与痛苦搏斗之后，宽恕是"我们痛苦的最后一站"，而这痛苦是愚蠢、短视和（或）不成熟的选择给自己和他人造成的。只有当我们感到悔恨的刺痛，并为我们的困惑付出代价后，我们才有机会承诺做不同的事来救赎自己。在痛苦通过促使我们纠正、

> 悲伤的解药是学习。
> 伊莎贝尔·吉利斯

忏悔、成长和进化、从而达到了它的目的之后，在宽恕所允许的深度放手中，你才可以自由地得以解脱。

伟大的奥地利精神病学家维克多·弗兰克尔在二战中从德国集中营幸存下来，亲身经历过苦难，他曾说："在某种程度上，苦难在找到意义的那一刻就不再痛苦了。"通过对心碎下工夫，让它摆脱多年不健康的习惯和不成熟、弄巧成拙的人际关系方式，你可以把痛苦转化成一种意义深远的东西，这一定会保佑你和你爱的那些人，直到永远。

问问你自己：

我能对自己做些什么，来弥补我所犯的错误，帮助我重新获得力量？

第二步：自我照顾

（每天最少两次）

1. 小心地从家里收集所有关于你们关系的提醒。比如照片、礼物和情书，把它们存放在安全的、看不见的、远离卧室的地方。

2. 一整天都做缓慢的深呼吸。吸气，呼气，就好像你可以一直呼吸到会阴一样。

3. 找一个知己来支持你度过这段艰难的时光。无论是一个睿智体贴的朋友，还是一个付费教练或治疗师，或两者兼而有之，确保你信任并尊重这个人，放心地把真相告诉他或她，而不必故作姿态，也不必担心受到不公正的批评或评判。允许你自己在前进的过程中被一个关心你的人所见证和支持。

4. 照照镜子。深深凝视自己的眼睛，与自己分享改善自己行为的所有方法，以反映更多的自爱、自尊、尊严和荣誉。

5. 坐在户外，仰起头享受阳光的温暖。记住生活是多么爱你。

6.练习佛教所说的正念。把你的注意力放在一天中发生的任何事情上，保持深刻的存在感和自我觉察，注意你身体里所有的感觉和感受，以善意见证你的感受、需求和渴望，就好像在此过程中，你能够以极大的温柔和爱来克制你自己。

共同进行这个计划的夫妇请注意：

在理性分手计划的第二步中，我建议你们继续以一种正式的方式，给彼此足够的空间来自我反省，而不是需要（维护自己的）正确或挽回面子。如果你暗地里想要和解，确保你的补偿是出于健康的动机，只是为了纠正错误，而不是试图秘密地恢复关系。不要强迫你的前任伴侣对你做出任何补偿，也不要强迫他们分享见解，即他们可能对你们之间发生的事情负责。尊重对方按照自己的进度完成计划的权利，并允许彼此有私人空间来做这项工作，而不需要在完全准备好之前进行补偿。

第三步
打破常规,治愈你的心

> 如果你不喜欢做门口的擦鞋垫,那么就离开地板。
> ——嗜酒者家庭互助会

在理性分手计划的第三步中,你将开始认识到你的源挫折故事,并开始理解它如何成为你爱情模式中令人失望的潜在原因。你会从恍惚状态中醒来,明白你在爱情中的痛苦模式只是一遍又一遍地发生在你身上,并开始分辨它们是如何通过你而发生的,从而给你提供超越它们的力量。

眼前的机会是,从你习惯性的心痛故事中解放出来,并被赋予力量,从而创造更充实、更令人满意的人际关系。

在第三步中,打破常规,治愈你的心,你将会:

- 识别出那些一直在破坏你爱情生活的核心信念,唤醒你的力量,创造一个新的、快乐、健康的爱情故事,向前迈进。

· 准确地发现你是如何无意识地在爱情中产生消极模式的,以及你如何才能够超越它们。

· 恢复积极的自我意识,作一个安全、被爱、被珍惜和被尊重的人。

· 学习新的技巧和能力,以确保你未来成功的人际关系。

* * *

20世纪70年代初,还是一名年轻女子的维罗妮卡·肖夫斯托尔写了这首诗《一段时间以后》(*After a While*)。

一段时间以后,你就会发现这其中细微的差别
是握住一只手,还是用铁链锁住一个灵魂,
你会明白爱并不意味着学习
陪伴并不意味着安全。
你开始明白接吻不是契约

礼物不是承诺。

你开始接受失败

抬起头,睁开眼睛

带着女人的优雅,而不是孩子的悲伤

今天,你要学会修正你的道路

因为明天的前景太不确定,无法计划

而未来也有可能在进行到一半时崩塌。

一段时间以后,你会发现,如果得到太多

即使阳光也会灼伤。

所以,种植你自己的花园,装饰你自己的灵魂

而不是等待别人给你送花。

你知道你真的可以忍受

你真的很坚强

你真的有价值

你学习,你学习

随着每一次再见,你学会……

现在,你的任务是学会爱自己,即使你爱的人无法以你

需要爱的方式来爱你,也要坚定地相信自己的价值以及被爱的价值,无论如何,分手最糟糕的部分,不是伴随着所珍惜关系的失去而来的排山倒海的悲伤,而是它纯粹地侮辱了一个人的核心自我意识。当你做出可怕的转变,从一个被需要的人成为一个不被需要的人,从一个被爱的人变成一个不被爱的人,从一个特殊的人变成现在平凡且显然不特别的人,这种身份的转变可能很容易地内化,证明你最担心的、你自己和你的生活很可能是真实的:你永远不会被爱,你将永远孤独,或者真爱是为别人而存在的,不是你。特别是,那个世间最了解你的人,现在证明了你已与之挣扎多年的消极信念。

> 毛毛虫口中的世界末日,是大师口中的蝴蝶。
> 理查德·贝奇

这似乎太不公平了,在你做了那么多事,超越了青春期令人失望的自己之后,你又一次发现自己在这里——孤独的、没有支持的、被贬值的、不被爱、被虐待,或者在你的生命中可能无数次地被遗弃。就像那些僵尸电影里,来自过去的鬼魂拒绝死去,顽强地回来折磨和奚落你。这足以激起独身誓言，或者更好的是，发誓最终超越爱情的痛苦模式，如何？

你可能会发现自己因童年伤痛的重演而灰心丧气、听天由命，就好像在你寻找真爱的时候被诅咒了一样。然而，无论你感到在你控制之外的事情有多少，越早看清生活如何透过你而发生，并不是仅仅发生在你身上，你就可以越早从爱情的沮丧模式中毕业，在未来去创造一种更快乐、更健康的爱情体验。

所以，穿上你的红色斗篷、穿上你的黑色靴子和弹力紧身衣，跟我走。我们正在进行一场解放之旅。

发现你的源挫折故事

这样的事以前发生过，不是吗？不同的面孔、不同的名字和不同的环境，但相似的痛苦会回来咬你的屁股。你又一次感到失望、被遗弃、被虐待或不被爱。西格蒙德·弗洛伊德把我们复制童年受到的最严重伤害的倾向称为"重复性强迫"。常识告诉我们，当我们不自觉地一遍又一遍地重复我们最坏的情况时，我们是在试图治愈过去的伤痛。不幸的是，你和我都知道这并不太好。

　　一位咨询过我的女士将她的童年描述为地狱；她有一个专横的父亲，他用他那不可预知的狂怒恐吓她和她的母亲，这经常让她好几个小时躲在床下蜷缩成一团。她是在和一个随身带枪的前罪犯纠缠在一起后才来找我的，这让她觉得很安全，因为最初她觉得，他可以保护她不受外面所有危险人物的伤害。我向你保证，这并不是一次"治愈的经历"。

　　当我们人类开始相信，这一次我们会以自己一直需要的方式会被爱、被滋养、被保护时，我们看起来总是乐观的。但是，我们重复过去失望的倾向很大程度上是我们很久、很久以前形成的信念所起的作用。我把这些信念称为你的**源挫折故事**。正是你给内心最初伤痛赋予的意义，成为你对自己和你所拥有的幸福、健康爱情可能性的潜在叙述。就我的当事人而言，她的源挫折故事是：**我不安全，男人们出来抓我，爱是危险的**。通过这些信念的滤镜，她无意识地对生活的不确定性做出了反应，忍不住要重新叙述：她抓住一个拿着枪的男人，他不害怕用枪；还有谁能保护她不受这个充满潜在掠食者的世界的侵害呢？虽然听起来有些极端，聪明的

女人是不会这么做的，但我还是要补充一句，这位女士是一位受过高等教育的大学教授。当涉及我们的核心信念时，我们都是

> 心灵创伤具有一种品质，可以把一次尖锐的伤痛转变为持久的头脑状态……一个瞬间变成一个季节，一个事件变成一种状态。
>
> 凯·埃里克逊

需要些许补救的，即使是最聪明、最领先的人也会有巨大的盲点。

作家阿奈斯·宁曾经说过："我们看到的生活，不是它本来的样子，而是我们现在的样子。"通过形成于很久以前的世界观，我们对生活中发生之事的反应最终证实了这些古老的、扭曲的观点。做出选择并采取行动，引导我们更多地表现出同样的东西，就好像跟随扭曲的内心指南针，指引我们回到自己成长过程中所经历的痛苦一样。所有这些发生在我们的意识所能觉察到的范围之外，而且只是因为我们的命运再次走到了这里而发生，与另一个玩弄女性的人或另一个苛刻、唠叨的女人，进入另一场具有虐待性的关系中。似乎天地都在谋划，反对我们在爱情中找到真正的幸福，因为我们仍然忘记了：实际上，我们是自身经历的作者。

我的客户莎拉是一个全职妈妈,有两个不到五岁的小孩。她在一个单身、高执行力的妈妈身边长大。独生子女几乎没有大家庭,莎拉是被一系列的保姆带大的。她记得,童年的大部分时间里,她都感到孤立和孤独。在她孤独的小小世界里,关系是短暂的、脆弱的东西。任何形式的冲突都被认为是危险的,因为当保姆与她的母亲产生意见分歧时,她们经常在第二天就消失了。莎拉的心一点点地破碎了,多年来,她形成了这个顽固的源挫折故事:我是孤独的。别人总是离开。我永远不会从别人那里得到我真正需要的东西。

在研究生院,莎拉遇到了安德鲁,并立刻被他温暖、外向的性格吸引。她记得,在他们第一次约会时就决定,他们将有一天会结婚。为了实现这个目标,她开始做她认为安德鲁想娶的妻子。她同意他说的一切,她让他做他们的所有决定,她因为他的笑话而大笑,了解他的所有兴趣。最重要的是,她避免冲突,明确地知道某些分歧将是结束的开始。安德鲁认为他遇到了完美的女人。两年后他们结婚了,在安德鲁的家乡买了一栋可爱的小房子,开始了他们的家庭生活。

莎拉渴望自己永远是甜蜜、和蔼可亲、令人愉快的,她

开始创造她的成长过程中所没有的快乐家园。然而，这么多年过去了，她发现自己越来越沮丧。她感觉困惑，因为她似乎过

> 灵魂的生命……
> 是一场永恒的回归，是一条寻找自己源头的河流……因此，造成了一场循环的运动，把无论什么都带回曾经的样子。
> 卡尔·荣格

着理想的生活，然而，安德鲁的工作时间变得越来越长，每晚，莎拉发现自己都是独自一人，在孩子们上床睡觉之后，她开始喝葡萄酒来抚慰心里莫名其妙的疼痛，就像小时候，每天晚上等待她的母亲下班回家一样。现在，她等待着她的丈夫，就像她的母亲疲惫不堪地回家，全神贯注于她们小家庭之外的生活一样，安德鲁也被一个莎拉所不属于的世界分心了。随着他们忽视了他们之间不断扩大的差距，用以孩子为中心的闲聊填补空虚，婚姻变得毫无生气而平淡。

心碎的莎拉来见我，让我帮助她分析究竟发生了什么事。我们开始拼凑她在婚姻中表现的微妙且无处不在的行为方式，这秘密地重新创造了她最糟糕的童年。她承认，她不愿冒险激怒安德鲁，这造成她像躲避瘟疫一样地避免冲突。她目瞪口呆地了解到，这么做并没有保证他们的关系经

历正常的阶段，建立一场真正的结合。她倒抽着冷气听我分享结果：约翰·高特曼博士和朱莉·高特曼博士在关系研究所的研究表明，通过协调冲突和分歧，长期的结合得以建立和稳定。而因为她只愿意呈现一个精心设计的理想化妻子的形象，从不反对丈夫所说或所做的任何事，所以她不允许情感上的亲密关系以任何有意义的方式在他们之间扎根。她也惊恐地看到，在压倒自己的真实情感和需要时，她基本上让自己在情感上被忽视，就像她小时候被忽视一样。她同样深感不安地注意到，她自己也让安德鲁在恋爱关系中独自一人，没有任何可靠的伴侣与之共度一生。当意识到这一点的时候，她非常震惊，她在我的办公室里，坐在我对面，因为这个不想要的真相而面部扭曲。这个真相就是，有多大的概率，他想要一个真正的伴侣，所以他离开她，去找一个他经常在工作中合作的女人结婚了。

你可能想知道，为什么我让莎拉对安德鲁的可疑行为负责。难道我不是在责怪受害者吗？然而，我没有让莎拉对安德鲁伤人的选择负责。不过，我确实邀请她去看清自己的终身异化和孤独的源头是她自己，这样，她才可能开始进化，最后超越它。我正在帮助她看到,她让自己和安德鲁为了再次演绎她最糟糕的情况而采取的间接和惯常的方式,以确保这种令人震惊的遗弃将是她无意识中重新创造的最后一次。这是一场令人震惊且清醒的觉醒。

虽然,最初如此清楚地看到她自己是自身体验的源头,认识到她重复自己过去痛苦的特定方式,是痛苦的,但是,她清醒地意识到,终生孤独的体验不是她注定要经历的可怕命运,而是她作为一个迷茫和受伤的孩子所编造的虚假故事。作为一个小女孩,她不可能理解,她的母亲有一种回避式的依恋风格,没有与女儿建立良好的关系。在莎拉幼小的心灵中,对于这种巨大的伤害,唯一的理解就是,她爱的每一个人最终都会离开她。神造了山,神造了太阳,神造的小莎拉在这个寂寞的世界里独自一人。

莎拉信念的转变——从关于她生活的可怕真相,到突然理解,这些想法来自一个悲伤和孤独的小女孩——改变了一切。她终于明白,实际上她不是无能,她只是习惯了:容易经常禁不住重现她过去未解决的创伤。面对自己是噩梦创造者的真相,她也看到了,她拥有从噩梦中唤醒自己的力量。

在我的鼓励下,她开始挑战她童年故事的有效性,而且她找到了勇气去叙述一个更真实的故事。眼泪从她的脸上流淌下来,她宣布:"我并非生来就孤独!我有很深的爱和被爱的能力。我有能力学习如何与我爱又(以我需要被爱的方式)爱我的人建立快乐、健康的关系!"于是,她开始了超越她的源挫折故事的高度变革之旅。

问问你自己:

我以前的伴侣,如何以类似于我年轻时让自己失望的方式,令我失望?

例如:"他抛弃了我们的家庭,就像我5岁时父亲所做的那样。"

我是如何,以我年轻时令自己失望的方式,让我的前伴侣失望的?

例如:"我吹毛求疵,恰如我母亲以前对我吹毛求疵一样。"

认出你的源挫折故事

从痛苦的恋爱模式中解脱,始于清楚地看到你的源挫折故事。因为,一旦意识到那些驱使你在爱情中重复悲伤故事的根本信念,你就可以自由地创造出更幸福、更健康的动力。

下面的练习,通过帮助你对自己童年形成的信念——关于你把握住快乐、健康的爱的可能性——命名,有助于你认出源挫折故事。这是与我的同事克莱尔·扎米特联合开发的。[1]

1.变得安静。找个安静的地方,不间断地坐几分钟。闭上眼睛,深吸气,仿佛你可以一直呼吸到你的会阴,最大限度地放松你的身体。

2.关注你涉及分手的感受。关注你对于这次分手的所有感受,注意这些情绪在你身体的什么部位。

例如:"情绪仿佛在我的太阳神经丛燃烧。"

"它们令我的心沉重。"

"它们是我的肩胛骨之间的一个洞,好像有人在背后捅了我。"

"它们挤在我的喉头,令我哽咽。"

3. 欢迎你的感受。深呼吸,并注意:你身体的一部分能够带着深深的同情见证这些感受。让爱扩展到正在经历这些痛苦感受的那部分的你,以慈悲和关怀的感觉欢迎每一种感受。重复你的步骤1,问自己:你是什么感觉?温柔地,每一次反映你的一种感受。注意,在这一过程中,你退后一步,深情地观察你的感受,而不是被它们吞噬,要让它们变得更强壮。

4. 注意你所认为的分手对你的意义。试着放开头脑中的一切计较,让你的注意力沉入身体,觉察你所有困难和黑暗感受的情绪中心。仿佛你可以让自己的情绪中心为自己(而不是你的头脑)说话,我邀请你回答下列问题:

"我认为,这次分手对我意味着什么?"

例如:"我不被爱。"

"我不被需要。"

"我是孤独的。"

"我是一次性的。"

"我不够好。"

"我差劲。"

"我是个失败者。"

"我认为,这次分手对于我和男性/女性(无论你受什么性别吸引)的关系,意味着什么?"

例如:"男人总是选择别的女人,而不是我。"

"女人不喜欢我。"

"没有人真正关心我的真实感受和需求。"

"人们爱我,只是因为我可以为他们做事。"

"男人需要我只因为一件事。"

"我的分手意味着我在爱情中获得幸福的可能性是什么?"

例如:"生活不支持我拥有爱。"

"我永远不可能拥有我想要的。"

"我的爱情被诅咒了。"

或"让任何一个人太靠近是危险的。"

5. 确定你的源挫折的故事。现在,我邀请你一起把这些信念的名称编织在一起,来命名你的源挫折故事。

例如:"我不够好。比起我,男人更喜欢其他女人。我从来没有足够的爱到处走动。"

"我没有价值。女人只是利用我得到她们能得到的东西,然后就抛弃我。我必须努力工作来证明我的价值。"

"我不配。如果我不经常试着取悦男人,他们就会离开我。我的生活是空虚的,没有爱。"

6.你这部分的年龄有多大?/在其中心所持有的能量有多大?看看你现在是否可以识别出被困在这个故事中的那一部分你的实际年龄。这个答案不需要文字化,但更像是当你第一次提出这个观点时你的身体所感觉到的你的年龄。

问问你自己:
被困在这个故事的这部分我多大了?

例如:"我只是一个婴儿""我大约五六岁"或"我12岁"。

还要注意:这个中心持有多大的能量。

问问你自己:
我在这里所持有的能量有多大?

例如:"它是巨大的,占领了整个街区""从我的身体延伸出大约6英寸""它是一个密集的、黑色的结,包裹住我的整个心脏"。

7.睁开你的眼睛，把它除去！帮助你回到强壮的、成年人的自我，睁开你的眼睛，摇摆你的身体，把它除去。

问问你自己：

相较于我 _____（你所发现的，在这个故事核心中你的年龄），就我现在的年龄而言，什么是最好的？

例如："我比那时的我有更多的选择""我可以设置健康的界线来保护自己"，或"我比当时的我有更多的资源，可以获得我需要的帮助"。

这个练习的免费音频下载，请访问：

www.ConsciousUncoupling.com/StepThreePractice

保全你的源挫折故事

当艾米丽，一个26岁的法律系学生，遇到了瑞克，一个摇滚乐队的主唱时，她被迷得神魂颠倒，他

> 虽然你无法保证自己的心不被别人伤害，但是你可以不伤害你自己的心。
>
> 利·纽曼

也为她失了神。他们开始看到对方的很多优点,每次约会都比上一次更令人兴奋。然而,大约四周后,瑞克便停止了联系,而早些时候他每天至少会发来短信。忽然间,艾米丽得不到他的音信了,一天、两天、三天,然后是四天。到了第五天,她发狂了。她的父亲,在她5岁的时候,离家出走了,被遗弃的恐惧控制住了她,为了打破紧张,她发短信给瑞克,说她遇到了别人,不再对他们之间的关系感兴趣。她认为这是一个聪明的办法,以免遭到拒绝而备受打击。直到3年后,他们在一个俱乐部遇到了彼此,他们发现了事实真相。瑞克并没有因为对她不感兴趣而沉默,相反,他实际上是花一些时间思考对艾米丽更深的承诺,并开始断开一些其他随意的关系,他这么做是为了让自己可以请求她与他建立专一的关系。艾米丽发现真相时惊呆了。在她的核心信念里,男人总是离开,她肯定瑞克的沉默表明他选择从关系中离开。她很伤心地发现,通过这次推开他,她自己是被抛弃经验的源头。

我们的关系模式不只是发生在我们身上。通过我们观念的滤镜,它们影响着我们对环境的应对。为了从你痛苦的恋爱模式中毕业，我邀请你去观察，你如何在关系中无意识地造成了源挫折故事的再次发生。

首先，思考以下问题：

1.你与自己的关系如何验证了源挫折故事？你与他人的关系永远不可能比你与自己的关系更好，我邀请你来识别你对待自己的特定方式，那是你对所接收到的对待的反应。寻找你可能如何训练你的前伴侣以你对待自己的方式对待你。

例如：如果你的前伴侣抛弃了你，寻找你是如何在关系中抛弃自己的。如果他或她是自私自利的，寻找你可能是如何对待自己的感受和需要的，仿佛它们并不重要。如果他或她是苛刻的，寻找你可能是如何以苛刻的方式对待自己的。

2.你是怎么让你的前伴侣来验证你的源挫折故事的？你是怎么不知不觉间让你的前伴侣以类似于你过去被伤害的方式令你失望的？

例如："我没能分享我的感受和需要，所以我的伴侣不可能知道我从他那里需要什么，只能让我失望。"

"我不希望我的前伴侣生我的气，所以我未能设定健康的界限,似乎脱离我的慢性自我抛弃的唯一途径就是离开。"

"我对爱情是如此绝望,以至于我的所得比我应得的少;我不断地容忍不良行为,希望他会改变。然而,因为我不为自己辩护,所以实际上,我允许他虐待我。"

注意:谨防这个倾向,即成为自己的弱点和旧伤的受害者。而不是说:"我永远不会为自己辩护,因为当我还是个孩子的时候,我父亲虐待我。"试着为你自己的选择负责,说:"我不断地选择虐待自己的方式,类似于我的父亲虐待我的方式。通过这样做,我训练我的男朋友对我不好。"只要你保持受害者姿态且无助,你就不会超出你的旧模式。寻找你做出的选择中你自己的意志成分,这些都是你的变化的杠杆点。

3.你与生活的关系如何验证了你的源挫折故事?我们倾向于对宇宙投射我们童年最糟糕的事,想象生活就是被惩罚、被拒绝、被冷漠或残忍对待,与我们年轻时同主要联系人(比如我们的父母或者兄弟姐妹)在一起时的经历类似。在这样的世界观当中,我们相互联系的方式不知不觉创造了证据,表明我们的信念是正确的。

问问你自己：

因为我对生活的信念，我是如何导致事情在我的关系中走下坡路的呢？

例如："因为我认为我不能拥有我想要的，我长期受伤害，得不到我应得的，直到我再也无法忍受而离开。"

"因为我认为被看清楚是很危险的，所以我对自己的真实感受和需求不真诚，直到我无形中感觉到，我必须让事情结束。"

"因为我相信生活是一场战斗，所以我不断地战斗并防守，直到他厌倦了战斗而离开。"

注意：理解你对分手的责任，可能是一场令人瞠目结舌和羞辱的经历，你可能会变得自我憎恨和羞愧。不过，请记住，如果你允许自己被耻辱吞没，你的风险就变成会被卡在其中，无法利用你的发现作为积极进化和改变的催化剂。因此，我鼓励你温柔地保持自己的不完美。珍惜人生经验的学习，将之作为成为一个明智和成熟之人的重要组成部分。你已经有了一个无法以你需要的被爱的方式爱你的人。请不要再次让自己失望。

真正的真相是什么？

正如濒死体验能让我们觉悟生命的真义，爱情的灭亡也能唤醒我们恍惚的错误信念和我们自己的辉煌。一瞬间，我们的老故事被揭示为仅仅是一个**故事**——一个因为我们太年轻而无法以任何其他方式理解事物的故事。一旦觉察到这个事实，我们就可以开始质疑我们得出的结论，并开始看到一个更微妙的画面——关于我们自己和他人在我们形成这些世界观时可能发生过的事。

> 在萦绕人类心头的所有乡愁之中，最大的就是一种永存的渴望，尽量把最年轻的带回家，带给最古老的。
>
> 劳伦斯·范德

信念即关系，意思是，因着我们与所爱之人和最依赖之人的关系，我们创造了那些信念。我们不是凭空捏造了这些故事。你和你妈妈之间发生了一些事，或是和你的爸爸、奶奶或奇怪的叔叔吉姆，事情令你非常痛苦和困惑，超出了你的理解能力。鉴于此，作为孩子，你的主要发展任务是形成一种感觉——关于"你是谁"以及你在世间的位置。无论发生了什么，你都会让它对你具有某种意义，这是可以理解的。只有当你以成年人——具有增强了的理解力,可以理解复杂和微妙的事——的理性,回顾这些结论时,更复杂的、更准确的图景才可能出现。

你必须回去救助年轻的你,让自己从那古怪和扭曲的镜子里出来。因为这意味着,你关于自己和人生的信念——你不好,没有人要,没有爱,爱得太多,爱得不够,无力爱,和(或)注定一生孤独——是**完全不真实的**。

直到我们确定并挑战这些核心信念之前,它们都将反复困扰我们。然而,一旦我们这样做了,我们终于可以一劳永逸地走出老旧、痛苦的故事。《爱的勇气》(*The Courage to Love*)一书的作者、心理学家斯蒂芬·吉利根告诉我们:"这可能需要数年,甚至几代人,负面经验会一直回来找我们,直到人类用爱、接纳与整合触及它……在这一点上,大自然似乎永远有耐心且残忍。"你被困在老旧故事里的那一部分一直等待着你去爱它。我现在邀请你把一只手放在故事居于你身体里的位置(例如:你的太阳神经丛、你的心脏或喉咙),你只要对自己说:"亲爱的,那个故事甚至不是真实的。此外,真相是＿＿＿＿。"填写空白处。

例如：

……你深受一切众生的热爱。

……你有能力确保自己的安全。

……没有人比你更了解你生命中什么是对的。

正如我的客户莎拉，瞥见自己在与他人建立深厚而丰富的关系方面拥有多大的力量时所做的那样，我鼓励你：努力以你希望别人为你而战的方式让自己从源挫折故事的恍惚状态清醒过来。做自己旅途的英雄或女英雄，将自己从梦中吻醒。现在就行动。不要再浪费你美好生活中宝贵的一天，在那些错误假设的噩梦中梦游。

是信念还是真相？

> 我希望我能够向你展示，即使当你孤独或身处黑暗中时，你自身的光明仍然令人惊讶。
>
> ——哈菲兹

问问你自己：

关于我的源挫折信念，什么是真正的真相？

信念：我还不够。

真相：我的存在已经足够值得拥有伟大的爱。我天生就值得受到尊敬、获得荣誉和爱。

信念：我无所谓。

真相：我的感受和需求很重要。它们对我很重要。对于我来说，拥有一个健康的期望是适当的，它们对那些与我最亲近的人也很重要。

信念：我不可爱。

真相：即使我爱的男人对我关闭了他的心扉，我仍然非常可爱，值得被爱。

信念：我不好。

真相：仅仅因为我感到羞愧，并不意味着我实际上有什么可羞愧的；或，我所犯的错误是吸取教训，我让自己致力于清理我的烂摊子。谦虚地从自己的错误中吸取教训，弥补错误，向前进，是好人的标志。

信念：我是孤独的。

真相：我并非生来孤独。我来到这里，是为了爱与被爱，我有能力学习如何让关系更幸福、更健康地向前发展。

信念：我没有价值。

真相：我是生命的宝藏。我不需要做任何事情来证明我与生俱来的价值。

信念：我不安全。

真相：我有能力通过学习新的、更健康的关联方式来保证自己的安全。

给有需要的朋友提供智慧和忠告——在她脆弱的时候提醒她，自己的价值和力量的真相——这是很容易的。然而，对我们自己来说这却困难得多。陷入巨大的负面情绪中，我们很容易将自己的感觉误认为事实，并从孩子的角度来看待我们的处境。当你发现自己处于源挫折故事的螺旋式下降状态中时，寻找你心中那个明智、聪明、受过教育、发展成熟的成年人，他能够清晰、通透并同情地看待正在发生的事情。以这个成年人为中心，倾身爱抚你那迷茫和受伤害的年轻部分，仿佛你正在关心一个你全心全意爱着的挚友。当你深入内心和灵魂的深处时，给自己提供你自己的智慧珍宝、常识，以及你拥有的深刻洞察力和理解力。

灵魂与灵魂的沟通

分手往往会让你通过前任伴侣的眼睛看你自己,多少会让你小看了自己。也许他或她心中有一个关于你的消极的、批判性的故事,在你分手中起到了作用。也许这个人现在正在贬低你,以此来减轻失去你的痛苦。虽然你不能确定他到底如何看待你,但你会因为不再被需要、被爱、被崇拜或被选择的经历而变得疯狂。在这样的打击之下,你还能继续相信关于自己的力量和善良的真相吗?你能收回你给予别人的、决定你价值的许可吗?面对那个昨天对你来说还是一切的人的贬损,你还能坚守关于你自身价值的真相吗?

因为信念是相互关联的,所以,当爱人离开时,我们经常被留下来,为那些对我们来说有意义的东西而挣扎。我们忘记了,关系反映我们价值的方式有成千上万种,取而代之的是,我们记住了,感到受辱、被抛弃和被贬值的那几次可怕的时刻,我们被留下,为了不去忍受这种体验,而与受伤的自我意识做斗争。因为此时,可能无法在现实关系本身中恢复平衡感。所以,我提供以下练习,来帮助你摆脱这种残余的感受,并以一种你可以在身体中感觉到的方式,把你带回对自己的价值和力量的深层感知中。

注意：如果你和前任伴侣一起进行这个计划，我建议你们各自独自做这个练习，而非试图直接参与彼此。你们可以期待稍后在"汇报"这个步骤时分享各自的经验。

1.保持安静。找一个安静的空间，不间断地坐上几分钟。闭上眼睛，深呼吸，仿佛你可以一直吸气到会阴，尽你所能放松自己的身体。

2.专注于你的成人自我。与你那强壮、足智多谋、聪明、成熟、睿智、充满爱心的成年人部分联系起来，仿佛你可以把这个成人的自我的能量锚定在你整个身体的内外。深深地呼吸，仿佛你可以一直吸气到会阴、腿部至脚上。将你的能量向下延伸到地面，并延伸到房间的边缘。

3.邀请你那部分年轻的自己离开房间。充满爱心地指引你年轻的部分去一个安全的地方，就像你可能会要求孩子离开房间一样，大人们将要有一场认真的对话。

4.邀请你的前任伴侣坐在你面前进行一场灵魂对灵魂的交流。(注意：如果你的前任伴侣在身体上威胁你，或有暴力倾向，我建议你设想在自己的周围设置了一道防火墙，防止他或她触碰到你)仿佛你可以邀请前任伴侣的灵魂来参加有意义的对话,请这个人过来,坐在你的前面,保持你们之间的语气亲切而尊重,想象你正看着他或她的眼睛,并说出以下的话(你可以随意使用自己的词语和修饰,但是要尽力保持整个沟通的含义完整):

"经由承担起责任——我训练你像那样对待我,我能够理解你。我认识到:你对我的行为,在很多方面都反映了我是如何对待自己的。"

想象一下,这个人正在倾听你所说的一切,全神贯注、兴趣十足。你继续说:

"你对我的虐待帮助我唤醒了自己的价值、力量、善良、智慧以及我值得爱与被爱的真相。为此,我感谢你。

"不过,现在,我希望通过与你分享我真正的本性,来纠正我们之间的错误,以便纠正你可能有的任何误解。"

说出真实的你是什么样的,以及你的一切可能性。

例如:"我是一个强大、充满爱心的男人,值得被别人看到、支持和尊敬。""我是一个性感的女人,值得一个被我的身体激发性欲的伴侣。""我是一个了不起的、聪明的、迷人的女人,值得被当作女王来对待。""我知道,在我们的关系中,我看起来不那么有潜力,但还有很多事情比那重要,我会把我与你在一起时所学到的全部,都运用到我的下一段关系中,这样我才能在爱情中创造出更加幸福的未来。"

让这个人看到你的全部真相,尤其是当你在恋爱中表现得低于真实的自己时。想象一下,你的前任伴侣第一次看到你,从他的眼睛里你看到尊重、钦佩和赞赏,并感觉到他对你表现出的一种善意和爱。

现在,重复以下内容,就好像你有一条通往前任伴侣灵魂的直接通道:

"我请求你从现在开始尊重我。不论我们是否亲眼看到对方,我要求你在思想、言语和行动中反映出我真正的价值、力量、智慧、善良,以及我是值得爱与被爱的。我向你保证,我也会对你做同样的事。"

问这个人:"我可以拥有你的同意吗?"在继续下去前,等待"是"的回答。想象一下,直视他的眼睛,完全恢复你们之间的尊严和荣誉。

现在,想象一下,所有卑微、羞耻、尴尬、耻辱或不尊重的时刻正在你们之间消融，并且感觉自己恢复至拥有前任伴侣眼中的荣誉、尊严、尊重和爱。

5.想象你和你的前任伴侣彼此深深鞠躬。想象一下你前任伴侣的形象，你们向彼此深深地鞠躬，以完成你的谈话，认识到这些新的协议已经启动。

注意：如果你发现自己由于感情的结束而陷入自我价值感低落的境地，那就不要再纠结于那些你感到被贬低、丢脸、不被尊重和不被爱的时刻。相反，把注意力集中在记住你的经历上。你也许还想考虑一下，在这段感情中，你们之间传递的喜悦、钦佩、渴望、温柔和真爱的时刻，然后做出决定，那就是你的前任伴侣最清楚地看到你的时候。

从痛苦的爱情模式中毕业

快乐、健康的人际关系不仅仅意味着遇见并爱上合适的人；也不是关于出生在一颗幸运星下，或让你的占

> 我们必须停止询问，这为什么会发生在我身上？开始询问，这为何为我而发生？
>
> 奥古斯特·戈尔德

星图以某种方式排列。良好的人际关系需要有其必要的发展

性，包括内在的和外在的，来维持自己和他人之间健康的亲密关系和善意。虽然我们大多数人假设：我们重复旧有模式是为了试着治愈过去的伤痛；但很可能我们复制这些境况是因为：我们根本不知道如何以不同的方式去行动。

通过意识到你是如何在恋爱中失败的，现在，你有机会让自己走向胜利。你可以开始学习如何以与你的价值观一致的方式行动，而不是以与你的错误信念一致的方式行动。你可以学会为自己辩护，说出你的真相，设定健康的界限，提出能为自己创造安全的问题，确定你对自己有更深的了解，甚至以建立信任和连接的方式关心他人。通过识别这些特定的新的关联方式，你将开始从心痛的绝望中得到解脱，确认你有机会脱离陈旧、功能失调的生活。

对于我们大多数人来说，为了从这些令人失望的旧习惯中解放出来，我们需要学习一些可能永远也学不到的基本技能和能力。被我们的源挫折故事囚禁，我们的发展被削弱了。如果你真的不相信别人在乎你的感受和需求，为什么还要费心去学习如何与他们沟通呢？如果你毫无疑问地知道别人总是离开，为什么要学习以加深理解的方式处理冲突呢？

从长远来看，这难道不会带来更多的伤害吗？如果你认为爱情是危险的，为什么要放松警惕，放弃积极的防御呢？这样做，你肯定会给自己带来受伤的风险。然而，如果没有健康理性的人际关系技巧和能力，你将无法从旧有的爱情模式中毕业，因为你没有能力创造任何其他东西。

这些年来，无论你变得多么精通心理学——能够倒背如流你的问题，非常精确地陈述发生在你身上的事情，什么时候发生的，和谁一起发生的，为什么——除非你学会那些特定的技能，这些技能将允许你创造一种更令人满意的爱情体验，否则你将会停留在重复过去。当我的客户莎拉采取立场来超越她的源挫折故事——生活中的慢性孤独时，她立即面临的问题就是，她对如何与另一个人建立亲密情感知之甚少。她意识到自己没有能力建立真正的关系，因此感到不知所措，对如何继续下去感到困惑，她甚至都没有与自己建立多少关系。多年来，她把自己的情绪放在一边，视之为无关紧要，但后来她意识到，她之所以无法与别人分享自己的感情和需求，主要是因为她对自己的感受和需求是多么的无知。

在我们的工作中，莎拉了解到，当人们冒险分享他们内心世界所发生的事情时，情感上的亲密就会发生。为了对此做好准备，我们开始帮助莎拉学会区分自己的感受和需求。我们不是简单地说她情绪低落，而是努力帮助她辨别出人们能感觉到的情绪程度：绝望、气馁、失望、眩晕、麻木、苦恼、无望或迷惘。与其简单地说她今天过得更好，不如说她感到有希望、忙碌、乐观、安详、振奋、兴奋或恢复了，以此来更准确地描述她内心的体验。然后，她学会了如何利用她的感觉作为重要的信息，来帮助她辨别自己的需要，学会以一种给她机会去处理这些需要的方式来命名它们。她需要因真正的她而被承认是有价值的、被尊重、倾听以及被爱。

理想情况下，莎拉会在4到8岁之间发现如何区分自己的感受和需求，那时，在发育上已经适合她去学习情感素养方面的技巧。然而，在她成长的家庭里，没有人帮助她破译自己内心的体验。由于她的"源挫折"故事中包含了一个假设，即她永远无法从任何人那里得到她需要的东西，所以，她从来没有想过，要通过这些方式来发展自己。

一旦我们确定了莎拉建立健康关系所缺失的技巧和能力，并开始努力发展它们，她就可以自由地超越贯穿她一生的痛苦的孤立和孤独模式。在相当短的时间内，莎拉成为一个良好的沟通者。我可以很高兴地说，她的努力得到了回报。在创作本作品的时候，莎拉与现任的关系比她与前任的关系更加令人满意。她和男友有时会争吵，但往往他们这样做是为了拉近彼此，让他们更有能力照顾彼此的幸福和快乐。虽然她很想知道，如果她是现在这样的人，她的婚姻会怎样，但她会告诉你，她不会拿所发生的事去交换这个世界。婚姻的破裂，是唤醒她自己重启生活和爱之全新可能性的开端。

> 让你脆弱的东西让你变得美好。
> 布勒内·布朗

你可能会面对这样一个事实：你还不知道如何超越你的旧模式。也许你对于什么是健康的界限感到困惑，更别提如何与他人建立界限。或者，在探讨如何满足需求时，你可能会觉得有补救的办法，但不知道哪种需求更适合让别人来满足。当涉及如何自我安慰时，你可能会感到完全困惑了，这样你就不会每次稍不如意就发脾气。我们都有盲点,这些盲点阻止我们认识到每种关系对于爱情和幸福所具有的潜力。然而,这就是我们大多数人受到阻碍的地方,因为我们被自己都还不知道的事情吓到了,于是,我们很快回到自己所习惯的、受限的做事方式中,仅仅因为,嗯,那正是我们所知道的。

为了让你摆脱爱情中的重复模式,我邀请你接受佛教徒所说的"初学者之心"。它会转化为你对所有未知事物的探究,更加珍惜不确定性而非确定性,珍惜脆弱的内心而非面子上的好看。你寻找能够让你自由的特定技能和能力,并致力于学习它们,就好像你的生活依赖于这些一样,因为在很多方面确实如此。我们这些曾经遭受过心碎,或者曾经伤害过他人之心的人,都不想再这样了。这给了你两个选择:一个是关闭,永远不再让自己爱和被爱;另一个是承担你自己的成长,这样你可以相信自己下次会创造一种更快乐、更健康的体验。

幸运的是,我们是不断进化的生物,我们一生都有能力学习新的事物;同样幸运的是,有一群了不起的教师,教给你年轻时曾错过的东西。

让这成为一个了不起的开始,而不仅仅是一次结束。我们大多数人都需要叫醒电话(比如你刚刚接到的那个),来激励你成为我们所能成为的一切。许多人都称他们最大的教训是他们最大的福祉,因为他们选择把自己的损失当作比以往任何时候都更深切地生活和爱的机会。

问问你自己:

我如何能以能够证明我的价值、力量和值得爱与被爱的方式,与自己建立联系呢?为此,我需要发展什么样的新技巧和能力。

例如:"我可以开始关注自己的感受和需求,然后自动照顾别人的感受和需求。我需要学习的技巧是更好地衡量我的感受和需求。"

我如何以能够证明我的价值、力量和值得爱与被爱的方式,与他人联系呢?为此,有什么新技巧或能力可能需要开发?

例如:"我可以冒着风险与他人分享我真正的感受和需求,这样我才能发现谁在乎我,谁不在乎我,并且知道应该继续投资哪种关系。我需要发展的能力是：(1)能够容忍更加脆弱；(2)拓展我的接受能力。"

我怎样才能以证明我的真正价值和力量的方式与生活相联系？为此，我需要开发哪些新技巧或能力？

例如："我可以提高我的期望，开始要求我在生活中真正想要和需要的东西。我需要培养对生活抱有更高憧憬的能力，拓展我未来的可能性，超越我家族中妇女们可能的未来。"

步骤3 自我关爱建议

（每天至少2次）

1. 喝大量纯净、清洁的水，象征从你的生活中冲走有毒的习惯。

2. 吃健康、丰盛和滋养的食物，其中充满了营养和爱。

3. 让你的家里充满新鲜空气、充足的光线有很多美丽的花，以及闻起来不错的东西。

4. 每天至少尝试一种新的方式，来证明关于你自己的、更深的真相——你的价值、力量、智慧、善良，以及值得爱与被爱。

5.播放你喜欢的音乐并随之起舞，允许你的身体充分表达你所拥有的情感。

6.写下三张列表。第一张：你正在失去的20件事物——你乐意失去的（例如：听他整夜打鼾！）；第二张：经由失去这段关系，你真正得到的20件事物（例如：我终于有时间去做自己的创意项目）；第三张：20种方法，把这场失望转变为曾发生在你身上的最好的事，（例如：我终于可以开始成为一个成熟的女人，拥有完全掌握自己的力量）。

共同进行这个计划的夫妇请注意：

在你们的理性分手第三步中，你们会想要向彼此分享那些内在的和突破性的东西，它们将开始创造一种封闭和凝聚力的感觉，以便你们继续朝着更高层次的自主性前进。分享的动机不应该是感觉更接近你的前任伴侣，尽管这可能是一起做这个练习的一个矛盾的副产物。

注意：我说过"*解放你自己*"，在这一方面，你们每个人都只需要为自己的成长负责；既不应该试图肩负起监督他人的责任，也不应该感到有义务作为一面镜子指出对方发展中的错漏。为了这一目标，对于各自自身的缺陷、盲点和错误的动机，你们要非常诚实且透明，并且愿意为了拯救你的灵魂而失去面子。提醒你自己：你的前任伴侣并不需要像你一样，为了获得自由而"开悟"。

我建议你不要给出建议或反馈，除非你的前任伴侣特别要求你这样做，把注意力完全集中在你自己身上，清理你自己一边的"街道"。在你们分享之后，一定要感谢你以前的伴侣，因为他（她）诚实并有勇气说出真相。重要的是，你允许不同的观点存在，认识到并不是所有的事情都需要在你们之间解决。尽你最大的努力，去忍受那些无法跨越的鸿沟所造成的紧张，尊重它们，把它们作为引领你走上不同方向的生命智慧。请记住，这次谈话是帮助你们成熟起来、超越这些模式并在你们彼此祝福的时候，恢复你们两人之间有益的亲善感，以便在未来的关系中相处得更好。

注释

[1] 最初,这被称为"身份转换",这个练习作为课程的一部分被创造出来。这个课程是在线的女性力量变革课程(见 www.FemininePower.com)。多年来,它一直在召唤"救世主"(见 www.CallingInTheOne.com)和女性力量在线课程,教导成千上万的参与者,帮助他们摆脱重复而痛苦的模式,在生活和爱情中发掘更高的潜力。

第四步
成为爱之炼金术士

> 自由是对发生在你身上的事采取行动。
>
> ——简·保尔·斯达特

在理性分手计划第四步中,你将觉醒,认识到你自己是不屈不挠的自然之力,有能力为你自己和他人创造积极的未来,无论迄今为止的事情有多么令人受伤且艰难。在这一点上,你可以开始做出选择并采取行动,让自己能够从过去的痛苦模式中毕业,并彻底转化你与前任伴侣之间的相处模式,从而反映出你的真实价值和力量。如此一来,你将允许一种健康的新的关系模式出现,并确保你即将拥抱的新生活会比你已经放手的更好。

在第四步当中,成为爱之炼金术士,你将会:

· 通过学会珍惜你正在释放和创造的东西，保护使你变得完整的爱，认识到你们关系的所有阶段都值得尊重、重视和赞赏。

· 为了积极的未来，设定一个有意识的目标，它将作为你的北极星，以完整、眼界和力量支持你度过这段分手期。

· 发现如何消解任何残留的愤怒或仍然盘踞在你心间的伤害，如此，你能够以全新的姿态开启生活的新篇章。

· 学习新的沟通方式，让你有力量去创造并维系更健康的动态关系，不断前进。

* * *

拆开一个关系之家，可能是非常痛苦的，沮丧程度就像拆开你正在居住的房子的墙壁、地板和天花板，让你感到自己被暴露，不受保护地面对生活中残酷、折磨人的因素。与此同时，这种解构发生，你需要做出重大的决定，它或将决定你未来几十年的生活与爱。考虑到这些任务的困难程度，不难理解，为何分手很快会演变成一个具有敌意和暴力的过程，其中充满了挣扎，仿佛一座小山丘，很轻易地就逐渐变成了一座高耸的山脉。

在所有的结束之中,最令人害怕的就是落锤般的分手,它气势汹汹地扫荡了你的房子,带走了所有的爱、善意和希望,这些构成家的元素,全都永远地失去了。在仇恨和愤怒的爆发性表达中所造成的伤害,是难以恢复的。在理性分手中,我们不允许这样的事情发生。相反,在将你们的关系顺利地脱胎成一种更健康的新形式之时,你受到邀请,有目的地保护爱,这爱让你和你的前任伴侣走到一起,尊重你们所创造的一切。痛斥、贬低的倾向以及充满了破坏性地断开联系这种处理方式的代价是极大的。贬低曾经共享的爱,就像在太阳下山时斥责太阳一样,仿佛花园里曾经在温暖的阳光下成长的花朵,现在是一篮子塑料花。这种观点的危险在于,人可能被诱使再也不去看盲点,以免你被"骗",去相信曾经的光明是真实的。除非你是被骗子骗去钱财的受害者,否则,你和你的前任伴侣所分享的就是真实的。你们中的一方或双方可能都犯了错误,以至于在此之前,你们都没

> 当我关闭我的心房时,我就失去了它。
>
> 杰夫·布朗

能注意到或最小化致命的过失,但那并不意味你们曾经拥有的是不真实的或没有价值的。长度不是衡量爱的唯一标准。

对我们大多数人来说,把握这种复杂性非常不容易。我们都倾向于非黑即白地看待事物,珍惜美好的时光而忍受痛苦,对我们来说是一种折磨。学会珍惜你曾经拥有以及现在拥有的、创造的可能性,需要决心和纪律。然而,为了给自己和他人在心痛之后的、健康快乐的未来奠定基础,这种努力是必须的。即使你的前任伴侣采取了看似容易的出路——贬低你以及你们曾经共享的爱来创造距离,但那并不意味着你需要效仿。有时你必须成为爱的先驱,方式是拒绝走一条较次的道路,然后,只要给对方留点空间,让他跟着你就行了。

未来?什么未来?

我 30 岁的时候,还是一名歌手兼作曲家。我和我的女友普莱斯从纽约搬到洛杉矶,开着一辆载有我们全部东西的

> 每天晚上我都把烦恼交给上帝。不管怎样,他要熬夜了。
>
> 玛丽·C. 克劳利

卡车穿越3000英里，停在卡车停靠站，和其他卡车司机一起吃饼干、喝肉汤。然而，我经常会回到东部，与我的快乐地结为伴侣的朋友拉尔夫和理查德住在一起，被留在我搬家混乱中的有前景的音乐项目拖后腿——仍然需要编曲的歌词或仍然需要录音的歌曲。一连几个星期，我都住在拉尔夫和理查德的另一间卧室里，白天回归我在纽约时的写作习惯，晚上排练和录音。在布鲁克林公寓寂静的下午不间断地写歌简直是奢侈。走出在洛杉矶制造的生活旋涡后，我终于有了属于自己的创作的心灵空间。在那珍贵的几周里，我所写的歌曲一直作为我今天生活的原声而流传至今。

那么，当二十多年过去后，心怀这本尚未诞生的书，我再次发现自己在同一间公寓里，坐在同一张餐桌前，听着大街上同样沙沙作响的交通声，再一次进入一个具有深深创造力的进程，这是多么有趣啊！这就是你现在读到的手稿的诞生。然而，具有讽刺意味的是，这一次，拉尔夫和理查德已不再住在一起。两年前，他们的结合解散了，不幸的是，他们既不理性也不友好，他们的断绝是最糟糕的一种。在作为伴侣一起生活了三十多年之后，他们唯一能找到的、解开他们之间纠缠不清的"结"的方法就是，理查德跟着他的新男友跑了，把一切都抛在脑后，只剩下手提箱。拉尔夫的家和我记忆里的家一样，因为同样的艺术品牢牢地挂在墙上，同样的古董摆满了稍微有些拥挤的房间，同样的照片从书架上向外张望，那个曾经充满光明和欢笑的家现在变成了一座坟墓，一个对她与理查德共同生活期间的人生的、逐渐褪色的赞颂。即使是他们俩幸福时光的照片，也仍然在相框里，固定在架子上。我还不如和哈薇珊小姐住在一起。我半信半疑地以为拉尔夫随时都会穿着破旧的灰色婚纱穿过前门。

> 你是否曾经受伤，这个地方试图愈合一点点，你就一遍又一遍地撕开伤口。
>
> 罗莎·帕克斯

这并不是说拉尔夫没有为走出她的悲伤而努力。她努力了。她在悲伤，不仅仅是因为失去了感情，而且是因为这些年来，她换了看待事情的角度，假装不知道自己内心深处所了解的事。她在悲伤，几个星期、几个月、几年来，她都拒绝畅所欲言、提出正确的问题或提高期望值。多年来，她都在希望、等待和祈祷他们之间的事情会有所改变——积极思维的错误运用。那是她生命中的几十年，再也回不来了，每一次，她看着晨镜里的皱纹，都不得不面对它们。

在拉尔夫的心中，没有生气勃勃的未来，只有充满生机的过去。她的悲伤情不自禁地被某个环境加深了，这个环境就是所有已经不存在的东西的神龛，最终拉住她的注意力，不让她前进，几乎没有让新生活出现的空间。在拉尔夫上班的时候，我只能尽量不把他们那段关系所剩下的诸多东西扔进垃圾袋，并把它们都拖到垃圾站。当然，如果真的这么做了，我会留下一两件小饰品来纪念他们那些在一起度过的岁月，把有意义的时刻珍爱地藏在一个特别的地方。但是，我也会倒空几个抽屉，那里可以让帅哥放一两件T恤。我会买一些漂亮的相框放着，等待新的、幸福的生活的影像。我会渴望在衣柜里腾出空间，让严肃求婚者的衣服可以安放。

有时候，很难知道一个好朋友应该做什么。

自从理查德离开后，拉尔夫就不想约会了。然而，没有人能够以任何有意义的方式贴近她的心灵。有一段时间，她的生活中有了一个新人，一个宠物美容师，他自己在为两年前伴侣的去世、失去四十年的感情而悲伤。拉尔夫和他在一起度过了几个月,坦白地说,在我看来,这比开始新生活更像是坐着服丧。这段感情毫无悬念地破裂了,从没有真正地建立起很深的感情纽带,只剩下拉尔夫一个人回家去纪念她过去的爱情。

> 丧亲之痛是对人类生命奥秘最深层次的启示,是一种比幸福生活更多的探索和深刻的启示。
>
> 迪恩·英格

我分享这个故事,是作为一个警示——当沉迷于过去时,我们可能会犯错误。对爱情放手,很少是一个有机的、随波逐流的过程,你不能等到心情好的时候再说。释放一种关系,让你的心充满快乐和光明,敞开且自由地再次去爱,这是一个有意识的选择,你必须每天做上千次,有意识地将自己的注意力从过去移开,并做出与之一致的努力,将你的能量与创造光明和积极的未来结合起来。要做到这一点,从现在开始,比起矫正过去,你必须变得对此后可能发生的事更有兴趣,与其对短期内你想要得到的东西投资,不如在如何和谐过度方面投入得更多。你必须更加致力于为所有卷入者创造安全感、凝聚力和幸福,而不是纠结谁对谁错或强行报复。你必须有意识地创造出一个积极的未来可能性,同时要接受失去你所设想的未来而造成的痛苦。这有点像在飞机上飞行时造飞机,而且这不是为懦弱之人准备的。

然而,为此提供动力的是你的意图——你想要在这个位置创建的内容。如同世界间的桥梁,强烈的意愿可以帮助所有卷入者制造积极的未来,并将提供安全通道至转变的另一边。它会帮助你避免那些可能致命的错误,这些错误会轻易地破坏你们之间剩下的善意,因为你们正在寻找出路,走出现在需要谈判的潜在雷区。

当我的朋友珍妮特·布雷·阿特伍德和克里斯·阿特伍德决定离婚时,一切一片混乱。一方面,他们是最好的朋友,彼此深爱;另一方面,用珍妮特的话来说:"我们在性方面不相容。"把事情弄得如此正确,却又如此错误,让双方都深感失望。一天晚上,吃饭的时候,他们决定庆祝他们关系的新阶段,而不是把它变成可怕的经历。他们共同为未来设定了一个目标,这是他们从未见到其他离婚夫妇创造过的。他们将作为最好的朋友留在彼此的生活中,并持续支持彼此在世间的成功。他们保证，当一方或另一方爱上一个新人时，他们会努力，以保持他们关系不受影响的方式度过那段过渡期。

这一意图被证明比他们两个人当时所能想象的更重要。因为几年后，珍妮特有机会与两位非常成功的《纽约时报》畅销书作者合作。因为她和克里斯是好朋友，所以他是她打电话分享这个好消息的第一人。结果，克里斯也被邀请参与进来，珍妮特和克里斯从最好的朋友变成了商业伙伴，由此开始了他们的旅程，他们成为《纽约时报》最畅销的作家，并创造了一场围绕他们的书《激情测试》(*The Passion Test*)的全球运动。

在他们的意图经受检验后不久，克里斯遇到了多丽丝，他的现任妻子。当多丽丝发现她的新求婚者与前妻有密切的生意往来时，她不高兴了。克里斯向多丽丝求婚，同时拒绝放弃与珍妮特的合作，双方关系陷于紧张。珍妮特花了很多时间才说服多丽丝，她并没有威胁到他们初露头角的关系。然而，这些努力在十年后得到了回报，不仅珍妮特和克里斯仍然是商业和教学伙伴，而且珍妮特和多丽丝也成了最好的朋友,珍妮特也是克里斯和多丽丝三个漂亮孩子心爱的教母。珍妮特和克里斯所达成的共识,为他们提供了一颗北极星,帮助他们找到回家的路,回到一个不可预知却肯定积极的未来,以表明他们所采取的行动以及所做出的选择,使他们能够创造幸福的一生。

为所有人的积极未来设定一个目标

不论你们两人是否像珍妮特和克里斯那样选择保持友谊,但都要确立一个公平、友善、慷慨、孩子茁壮成长、充满希望的目标,并以创设目标时的同等能量将你们拉向那个未来。与其被随意地扔进可怕的未知世界里,不如有意识地去计划将来会发生什么,从现在开始,你拥有了创造所有可能的最佳未来的力量。也许,你并不确切地知道它将会是什么样子,或者它会如何发生,但是通过抓住一个值得实现的愿景,并且竭尽所能保证你对这种可能性的忠诚,你开始朝着实现那个未来的目标前进。正如我的朋友、尊敬的迈克尔·白科维斯博士所说的:"痛苦会一直持续,直到视野上升。"通过与这种可能性保持一致,现在,你拥有了一颗北极星,来帮助你度过最黑暗的夜晚,因为你的意图(或目标)会引导你在任何可能的时候走上大道,去实现那个未来。

> 你可以脱离环境而生活,也可以脱离愿景而生活。
>
> 沃纳·艾哈德

为理性分手而建立的强烈意图(或目标),有三个组成部分。

1. 它一定是关于未来的。你不想将目标设定为回到你们是情人之前的做朋友方式,或对你未解决的问题追根究底。相反,你想从此为未来关系的展开,创造一种全新的可能性。

例如:我们的目标是,在我们之间培养一种荣耀、尊重和慷慨的氛围,这样我们的女儿可以与我们双方都有良好的关系。

2. 必须以肯定的方式来创建它。例如:你的意图并不是停止过多争吵,或者放弃彼此间的怜悯;相反,你想要创建一个积极的宣言。

例如:我的目的是,在我自己和前夫之间创造大量的善意和慷慨,这样,我们彼此共处时,会觉得舒服些,而我们成长中的孩子和朋友,也会对我们双方都感到安心和受到支持,仍然与我们亲近。

3. 它被灌注了崇高的目的,激励你去实现它。一个不太鼓舞人心的目标,诸如:试图相处得更好一点,或者发誓对彼此更好一点,都会不可避免地完全失败,并很快被忘记。然而,一个能够激发你做最好的自己的目标,拥有创造奇迹的力量。

例如:我们的目标是创造一个扩展了的、进化中的家庭,它尊重我们彼此的新角色,并在未来的岁月中,为我们每一个人以及我们的孩子提供舒适、支持与幸福。

现在,花点时间,为你自己和你以前的伴侣,以及那些可能受到你们的离婚影响的人,构思一个积极的新未来。让目标保持简短和简单,这样,在情绪剧变的瞬间,你就能很容易地记起,并为自己重复它。在这样的时候,越能坚持你的目标,你在整个旅程中就会表现得越清醒。你的行为越理智,你就越有可能实现自己的愿景。如果你和你以前的伴侣一起进行这个计划,那么,你可以自由地与他或她分享你的意图,并邀请他或她和你一起实行。然而,即使他或她同意这么做，我也警告你们，不要陷入试图直接互相监督的陷阱。相反，将你的主要焦点集中于自身，并将这个愿景作为你的责任来履行，不是因为你正在让别人摆脱困境，而是因为你想完全发挥你的能力，不管别人选择成为什么样的人，你都要拒绝给任何人决定你的行动的权力。记住，善良是具有感染力的。当你一贯以周到、尊重和慷慨的方式行事时，别人很难对你保持吝啬和怜悯。

如果你的前任伴侣拒绝了你的邀请，我也鼓励你继续下去，忠实于你们之间发生奇迹的可能性，选择良好的行为模式，这将引导所有受牵连的人走向更安全的海岸。

注意：如果你前任伴侣的行为非常危险，并且具有社会反常性，那么，可能无法允许他或她继续留在你的生活中。如果是这样的话，我建议你咨询执法专业人士，他们可以帮助保护你和你的孩子，如果有的话。在这种情形下，一个更合适的未来将是，你（以及所有受到影响的人）在分手后是安全、健康、良好和有发展前景的。

问问你自己：

这段感情给了我什么礼物，让我可以认可、欣赏和感激?

例如:"我所得到的是,更能欣赏音乐,热爱户外生活,对自己的魅力有了清醒的认识,还有了解自己价值的机会。"

随着我释放了心中曾经希望的未来(之愿景),我能创造出什么样的光明新未来呢?

例如:"我的意图是,让我们在离开彼此时,通过彼此在一起时的经历,而得到提升和充实,更有能力全心全意地去爱和被爱。"

我创造未来的下一步是什么?我能够采取什么行动或者做出什么选择才能开始实现它?

例如:"我可以邀请我的前夫和他新生活中的女朋友一起参加我和孩子们的感恩节晚餐。""我可以为我的前任伴侣的幸福祈祷,给她送去祝福"或者"我可以灵活地对待我们的监护协议,告诉孩子们,如果他们愿意,可以更常见到他们的父亲"。

朝向一个已经转变的未来

所有关于炼金术的古代艺术都是把铅变成金，炼金术士是激发这种根本变化的艺术家。很大程度上，炼金术及认为贱金属只是较不发达的金子的假设早已被抛弃，有利于我们对化学基础知识有更现代且更复杂的科学理解。然而，在1980年，诺贝尔奖得主化学家格伦·希伯格博士却站在了世界前沿，将微量的碱金属铋转化成金，这令即使思想最开放、最进步的科学家都感到惊讶。这种转变的关键不是像早期的炼金术士所认为的那样，在混合物中加入一些东西，而是巧妙地把某些东西拿走。通过迫使铋的82个质子中的3个释放，希伯格发现他的确能把铅变成金。

对于那些希望将分手的灼热和悲伤转变为积极且肯定的人生转折点的人来说，这是一个恰当的比喻。转变往往始于我们愿意从生活中减去什么，而不是我们想要增加什么。设定一个彻底改变内心的目标，将立即揭示出为了实现这个目

> 哭泣、原谅、学着往前走。让你的泪水浇灌你未来幸福的种子。
>
> 斯蒂夫·马拉保利

标你需要放弃的一切:每次听到他的名字都会把你的胃灼烧出一个洞来的痛苦的积怨;最初的未治愈的伤害——没有被看到,没有被重视,或没有以你所需要的方式被关爱;每当沉思自己所做所为导致如今这样的选择时,你所感到的恐惧;或是那些在你们之间挥之不去的、永远无法说出口的、不友好话语的残余。

宽恕,与其说是一种感觉,不如说是你从自己最坚强、最健全的部分做出的决定。这是一种观点,是一种实践,是在死亡中宣布生命的宣言。现在,在这一刻,你可能想要知道,对你来说,将铅变成黄金是否比试着原谅不可原谅的事——从你破碎的爱情之烬灰中创造善意——更容易。然而,我的猜测是,一部分的你也好奇地想发现,在被错误对待之后,如果以自己最聪慧、最进步的那部分生活将会是什么样的。或者,只是对所见失望,而不是从受害者的角度做出反应,会是什么感觉?我们

> 请记住,衡量一个人的真正标准是,他或她如何对待一个绝对不会为他(她)带来好处的人。
> 安·兰德斯

的内心深处都有着一个高贵的尼尔松·曼德拉。任何一个在塞车时看到和平标志或与约翰·列侬一起唱"我们所说的就是给和平一个机会"的人,至少相信找到了另一种方式的理想。

乍一看,这似乎太难了,仿佛大自然本身就设计了我们去打仗。受害的体验接管了我们,使我们开始责怪那些让我们感到最受伤的人。日本人甚至有一句话:"你永远不认识你的妻子,直到与她离婚后",这句话指的是,当我们感情上的家庭因分手而崩溃时,我们的性格会发生根本性的改变。在爱的尽头,很容易表现得很糟糕。突然间,仿佛你成为自己有潜在可能成为的疯子,你一直认为的自己——一个体面的人,消失了。你将面临对自己性格的终极试金石——在道德上备受质疑的恶毒、血腥的饥饿和关于报复行为的幻想,不合理地吞噬了你。你会选择自己心中的哪一个你来面对这一切?你将与自己的哪一部分结盟,对你受到的伤害做出反应?这些就是你现在所面临的问题,你将永远生活在你所选择的答案所造成的后果中。

如果被背叛、遗弃或欺骗,你可能会感到愤怒。这是你的生物学部分在起作用。然而，你也可以选择以体面、自尊和正直的态度来回应。因为这是你的意识在起作用。在被丘比特的吊索和箭击伤后，你能以体面的方式行事是简单的，然而，困难的是，善意地决定接受打击、吸取教训、释放你所遭受的痛苦，而不是把伤害当成你的根基，在愤怒中建立起一个家。

要进入这种深度释放，你必须愿意在叙述自己的故事时，保持一点不那么僵化的态度来看待你是如何被错误对待的。我们都有自己的故事要讲，这些故事中大多数都受到了非常偏颇的诠释，很难区分所发生的事究竟是"真相"还是"我的真相"。你对自己和他人所讲述的关于分手的故事，充满了似真似假的假设。如果询问任何一个侦探，他的工作是获取犯罪现场证人的证词，他会告诉你，他极少两次听到同一个故事。同样的罪行，从即使最可靠的证人口中说出来，都仍然是非常不同的故事，尽管这些证人已经非常努力地仅仅复述所发生的事实。

人类的理解力是具有高度主观性的，记忆更是如此。最近的研究表明，我们倾向于通过自身世界观的滤镜来复述所发生的事件，而不是它们实际的样子。所以，不要固执地持有你的结论。如果你坚持从受害者的角度来叙述你的分手故事，把你的前任视为恶棍，在自己的头上戴光环（或者反之），那么你可能无法把握事实本身的复杂性，也无法把握你的经历是如何以微妙的方式被（你和前任）共同创造出来的。为了自由，你要放弃沉思谁对谁做了什么，把你的注意力转移到正在进行的练习上——宽恕自己和你的前任伴侣在恋爱过程中犯下的许多错误。

宽恕练习

关于宽恕，我亲爱的朋友，畅销书《迷人的爱》(*Enchanted Love*)作者，玛丽安·威廉姆森写道：

> 问题变成了这个：我把自己的信仰放在了哪里？放在别人对我所行的无爱之事上，还是放在那超越一切并纠正一切的永恒之爱上？如果我收回对你所做的一切的依恋，我将不再受你所做一切的影响。我决定把我的信仰放在别处。这就是宽恕的奇迹。

根据你对怨恨的执着程度，你可能会把你的灵魂与作恶者捆绑在一起，让自己被他或她左右，从发生或没有发生过的事情中寻找自由；也可能把你的个人权利包装在一个盒子里，在上面打一个蝴蝶结，然后把它捧给一个已经证明不值得你信任和奉献的人。

当上帝告诫我们为自己的敌人祈祷时，他不是说这是对信徒来说应该做的好事，他是在教导我们成为灵性大师。向我们展示如何战胜诱惑，以免我们从自己最低级、最底层的部分做出反应，并冒险把自己锁定在一种低层次的生活中。他在挑战我们，不论我们会遇到什么，他都想让我们成为世间善良与爱的力量。这就是个人力量。这就是爱之炼金术士。

如果你在生气，那很可能是有原因的。滑入受害与责备的故事中，并没有错。这就是人类。你可能每天早上醒来都会回想起这个故事，或者发现它在你的生活中像一首背景音乐一样运行着。你的工作就是不断地把自己带到更高的地方。这就是灵性练习介入之处。当然，你会一次又一次地回到第二步所包含的练习中，面对突然出现并威胁要吞噬你的所有怨恨，因为它将帮助你保持现在它所属的焦点——**关注你自己和你自身的转变。**

世界上最重要的幸福专家之一、我亲爱的朋友、畅销书《无理由的快乐》(*Happy for No Reason*)的作者，玛茜·史莫夫，与我分享了她自己在离婚期间保持理智和坚强的练习。她从已故的尊敬的罗伯塔·赫尔佐格那里学到了这个练习。这是罗伯塔·赫尔佐格根据主祷文中的一段话创作的，这段话要求上帝"宽恕我们的过犯，就像我们宽恕那些对我们不利的过犯一样"。这是罗伯塔·赫尔佐格的信仰——当我们宽恕并要求被宽恕时，我们中和并化解我们所处的境况的负面情势，并将我们的命运交还给自己。

这个练习要求你每天重复下面的可视化操作两次，一次是在你起床的时候，一次是在你睡觉之前，连续两周每天进行练习。这样做，你会发现你的心脏通过一种几乎神奇的释放变得更轻松。当你决定让别人摆脱困境时，你也会从痛苦中解脱出来。

坐下，闭上眼睛。想象那个你需要去宽恕的人是快乐且

微笑着的。然后,大声说出下面的话:

[你前任伴侣的名字],我原谅你对我所说或所做的、导致我痛苦的一切。你是自由的,我也是自由的!

而且,[你前任伴侣的名字],我请求你原谅我对你所说或所做的、导致你痛苦的一切。你是自由的,我也是自由的!

感谢你,生命(宇宙或圣灵),因为有这个机会去宽恕[你前任伴侣的名字],也宽恕我自己。

当你愤怒而非反思时,试着通过发现你心中觉醒了什么,而将你的注意力转向建设性的方向。试着将你的愤怒视为转变的汹涌能量,并询问你自己:你可以采取什么立场来平息急迫的愤怒?愤怒要求我们做出强有力的承诺,去改变我们的生活中再也无法忍受的一切;如果我们能把愤怒朝正确的方向转变,愤怒就可以变成我们最好的朋友。

当你发现自己处在愤怒咆哮的状态时,尤其这愤怒是针对你自己的,另一个强大的练习就是古老的夏威夷人的祈祷词"荷欧波诺波诺"(ho'oponopono),它的意思是,"把事情纠正"。基于愤怒会导致身心疾病的假设,这个简单的练习可以净化你的头脑,平息愤怒的情绪,帮助你提升,去超越一切因遭到不公而产生的报复冲动,这样,你就可以打破不断升级的攻击之(恶性)循环。

最需要怜悯的人是你自己,你可以让自己做"荷欧波诺波诺"的练习。从把你的手放在胸口上开始;然后温柔地说出你的名字,沉默地对自己说出那句祈祷词,仿佛你能够把每一个字直接吸入你的核心。

> 当你原谅时……
> 就像泉水清洁了你的心灵。
> 玛茜·史莫夫

荷欧波诺波诺练习

1. 认出是什么打扰了你。觉察记忆中打扰你的事物,觉察是什么导致你憎恨自己的前任伴侣或你自己。

2. 暂停你对所发生之事的确定性。变得愿意暂停你对实际发生之事的确定性,看见你目前对事件的理解是有效但尚不完全的。认识到,对这一经历的其他有效解释与你的理解共存;扩展你的意识,去包容所有值得考虑的观点。

3.重复荷欧波诺波诺祈祷词。带着谦逊和改正一切错误的渴望，你可以随时重复以下内容：

我爱你。

对不起。

请原谅。

谢谢你。

自我宽恕通常需要一种忏悔行为来帮助纠正错误，你可能会发现自己很沉重，因为你意识到必须采取一种行动来恢复我们的处境：进行道歉，做出弥补，或承诺从这一刻开始，在生活中以更多的自尊和自爱来行动。当清楚地看到可能要发生的事情时，你会想要采取行动纠正你对自己或他人所犯的错误，因为如果没有悔过的行为，你几乎不可能真正原谅自己。

选择原谅并不是宽恕不良行为，也不需要你让别人回到你的生活中。事实上，宽恕根本不是针对任何人的。它是关于你与你的选择——不被这痛苦的经历所定义，从而前进；它是关于你的决定——不因失望而过上低落的生活；它是关于你的决心——从所有有毒的情绪中解放出来，以免严重减少未来获得幸福和爱的机会。

注意：如果你的愤怒不是关于过去，而是关于目前正在发生的虐待，那么你将希望利用你情绪的纯粹力量来促进积极的改变。不要对违反界限的行为做出反应，而是要找出需要改变的地方，并有勇气朝着这个方向采取有力的措施。找到你的声音，找到你的力量，并且为了所有牵涉之人的最大利益而疯狂地行动。

问问你自己：

我愿意放弃什么受害故事，在共同创造出这种局面的过程中，我能承担什么责任？

例如："我可以放弃责备他/她的离开，并对我把他/她拒之门外的行为负责，因为这正是促使他/她离开的原因""我可以放弃思虑前任伴侣对我的所有虐待，而是看看我如何虐待自己，并在虐待的情况下待这么久"，或者"我可以放弃我的结论，即我的前伴侣利用我进行性行为，并对我利用自己的性行为操纵他/她，试图得到我想要的东西承担责任"。

我的愤怒要求我改变什么？我现在想做什么？

例如:"愤怒要求我不再容忍别人对我不好。我清醒地认识到自己有权拒绝被虐待""我的愤怒是在坚持让我不再为较次的生活而妥协。在我心中醒来的是,我有权利拥有生活和爱所能提供的最好的事物",或者"愤怒使我屈服,要求我放弃从石头中获取血液的努力。从现在起,我对自己的承诺就是,把我的心交给一个证明他有能力回应我的爱的人"。

> 想要在灵魂的黑暗之夜安全航行,你必须相信自己和生命的美好。即使你感觉不到它,特别是如果你没有证据证明它,做出选择并采取行动,就好像你相信所有的生命都在支持你的疗愈、进化和最终的成功。
>
> 格莱尔·扎米特

我现在能对自己或他人做出什么补偿来结束这种情况?

例如:"我可以向我的前任伴侣道歉,因为我很少告诉他/她我的感受或我需要什么,所以他/她才会让我失望""从现在起,我可以向所有人道歉,发誓要支持他们,而不是一有机会就给他们拆台",或者"我可以对自己许下一个承诺,永远、永远不要过度付出,以此来证明我的价值"。

解决过去

悔恨、遗憾、内疚、羞耻,这些强大的情绪要得到解决。然而,在一次糟糕的分手中,它们反而被固化在我们内心了,关于关系的印记被冻结在最具破坏性的状态中。我们都知道几年前分手的那些夫妇,当他们的前任伴侣走进房间时,他们仍然会变得僵硬和冷漠。时间不能使事情变得正确。如果我们不努力进行一场干净且平和的分离,我们将付出非常高的代价。

我的一次更让心灵崩溃的分手发生在我还太小时,无法理解糟糕的结局所带来的长期影响。

当时,我18岁,与我相差4岁的男朋友弗兰克坐在我对面,我们在当地一家牛排馆的一个舒适的红色皮革座位上。他满脸通红,沮丧地扭曲着脸,竭力坚持不让我上大学。他不想继续接受高等教育,而是选择做家族生意,他也不打算让他未来的新娘进入一所时髦的学校,在那里她肯定会被某个自以为是的大学生迷惑。我忍不住流下了眼泪,震惊地意识到我们已经走到了路的尽头。我们之间的鸿沟太宽了,无法跨越,于是我做出了一个本能的决定,在没有进一步解释的情况下毅然离开。我可能爱他，但他想控制我的想法是可悲的，我必须尽快离开。然而，我无法忍受再也见不到他，我绝望、真挚地请求着。现在我们要分道扬镳了，但还是约定，在我们做出所有重大的人生决定之后，我们重新找寻对方，然后在60岁时结婚。

不论他是否同意这样一个愚蠢的计划，现在我都想不起来了，我相信，当我告诉他我们必须结束的时候，他只是震惊地坐在那里。然而，对我来说，承诺依然存在。尽管弗兰克第二年就和另一个女人结婚了，完全断绝了我们之间的联系，让我陷入几乎无法忍受的悲痛，但我仍然有一个模糊的想法，那就是在遥远的将来，我们会再团聚。在接下来的20年里，这种鲁莽的承诺所带来的不幸的希望折磨着我，因为我常常在半夜醒来，大汗，心跳加速，并且怀着对失去已久的爱之幻影的强烈渴望。

许多年后，当我41岁还单身、没有结婚的希望时，我又做出了一个令人发指的承诺。作为坚定意志力的信徒，我给一个朋友打电话，大胆地宣布我在42岁生日前订婚的决心。值得称赞的是，她没有笑，也没有告诉我，一个40多岁的女人成为恐怖分子目标的可能性比找到一个好丈夫的可能性大。相反,她平静地回答说,如果我允许她告诉我要为自己的决定负责的话,她会很乐意支持我把兔子从帽子里拽出来的努力。因此,现在全球公认的呼唤"救世主"这一让爱显化的过程诞生了,因为我把注意力从向外寻找爱转移到向内寻找并释放我制造的所有障碍上了。

在我挖掘内心的过程中,没有一块石头未被掀起过,因为我开始审慎地审视和释放我的信念、假设、习惯和思维方式,尽管我尽了最大的努力,但这些东西一直使我保持单身。没过多久,我突然想起了我和弗兰克草率而仓促的约定,很快我就开始撤销年轻时做出的鲁莽决定,因为那时我太小了,还不知道什么是更好的。现在,我明白,这个约定一直在暗暗地影响着我,让我保持单身。为了防备万一他回头,你瞧,这样就我可以去见他。这一切都非常浪漫——以一种过于戏剧化的、可悲的罗密欧与朱丽叶的方式。为了使我的生活与我寻找人生伴侣的意图保持一致,我决定通过完成约定来解决我们之间未完成的事务。不愿破坏他的家庭生活——因为这时,弗兰克已经结婚二十多年了,生了3个孩子——我决定不打电话给他,而是把他带入一场灵魂对灵魂的交流(参见步骤三)中。闭上眼睛,深呼吸,我想象着弗兰克就坐在我面前。我感谢他给予我的爱,并为我伤害他的方式道歉。我提醒他我所做的承诺,让他知道我不再遵守了,我需要自由地找到一个伴侣,因此就让他走了。我流了眼泪,用了几张纸巾,练习结束后,我觉得自己可以毫无阻碍地向前走了。我对弗兰克的梦想停止了,事实上,几周后我遇到了我的丈夫马克。

8年过去了,在和弗兰克将近30年未交谈之后,一个共同的朋友促成了我们之间的电话重聚。我很紧张,满脑子都是多年来我一直想告诉他的事情。我知道我深深地伤害了他,而且更重要的是,我想向他道歉。这是一次情绪化的谈话,我们俩倾诉心声,承认我们对结束关系的创伤方式深感遗憾。弗兰克承认,我不是唯一一个被可怕的梦扰乱的人,他也在我们分手后梦见过我,这让我震惊。但最令我大吃一惊的是,他与我分享令他不安的夜晚,最终停止了——就在8年前,我做了灵魂对灵魂的交流之时。除了偶然之外,我什么都不想,这太奇怪了,我很快就把它抛到了脑后。

弗兰克和我没打算再谈一次。我们的谈话对两个已经结了婚的人来说太激烈了。在这么长时间之后，这样甜蜜的终结已经足够了。无须言语，我们都知道不要给对方打电话。然而，大约一年后的一个晚上，当我坐在电脑前工作时，一股温暖的情感融化了我的决心，我匆匆写了一封简单的电子邮件，告诉弗兰克我经常想起他，问他是否需要朋友帮忙。当我按下发送按钮时，它像一吨砖一样击中了我。"弗兰克要离婚了。"我倒抽了一口气。果然，一小时后他回信了："我真不敢相信你在给我写信。今天晚餐时，我妻子告诉我她想离婚。"这是我对爱的非局部、非线性本质的第二次确认，也是对一直与我们共存的深层相互联系的觉醒，这令人大吃一惊。

量子力学的发现者之一、诺贝尔奖获得者的物理学家尼尔斯·玻尔早在 20 世纪 20 年代就向世界介绍了非局域性的概念，也被称为"量子纠缠"。我的朋友，记者林恩·麦克塔格特，后来成为思想领袖和《联结》(*The Bond*) 一书的作者，他把这种纠缠解释为"注定不可分割的、奇特的诗意现象，就像一对薄命的恋人，他们可能被迫分开，但精神上和情感上永远交织在一起"。呃，这是如何证实你最糟糕的噩梦的？阿尔伯特·爱因斯坦、玻尔的同事，称之为"鬼魅般的超距作用"，这对我来说似乎是一个准确的描述。我确实被吓了一跳。然而，我也被激励着最终为我们的关系带来健康的终结，这种关系在我成年后的大部分时间里一直困扰着我。

所以，当听到弗兰克的婚姻即将结束时，我感到震惊和迷茫，我也非常感激有机会作为真正的朋友，让我们之间的关系变得正确。在接下来的几个月里，我们频繁地交谈，我尝试帮助他修复婚姻，当被证明这是徒劳的时候，我支持他顺利结束婚姻。这不仅是一个向他表达爱的机会，而且也提供了一个机会，让我们看到30年前我们分道扬镳是多么正确。对于我们的世界观和核心价值观的差异，我们不止一次捧腹大笑。弗兰克频繁而幽默地观察到，我离开他是做出了一个良好的决定，这让我感到欣慰，也缓解了我可能不得不面对的任何焦虑。

将我们的关系进化到如此完善的地步，就像从我们的心灵中移除了深深嵌入的

> 虽然世间充满了苦难，但也充满了对苦难的战胜。
>
> 海伦·凯勒

碎片。弗兰克和我再也不在凌晨的时候互相思念，也不再与可能发生的事情较劲，我们不再被失去的爱情折磨和削弱。更确切地说，我们都感受到我们分享的经验所带来的扩展和丰富。我们意识到自己被某个人深深地爱着，他/她看到了我们灵魂的美丽，发现了进入我们内心深处的途径，我们都被这样的认知提升了。这就是理想情况下，我们希望在爱的尽头离开彼此的方式。不是被痛苦和怨恨所吞噬，而是被给予和接受到的关怀的深度和广度所拓展。

理性结束的艺术

完全的结束包括三个部分。首先，承认这个人对你意味着什么；其次，欣赏他或她带给你的礼物；再次，真诚地尝试通过向你直接伤害的人提供补偿，或者通过宣布你的承诺——不再对新的人重复同样的错误——来恢复完整性。正如你所看到的，这个清单不包括调和你们不可调和的分歧，一次又一次地证明自己是正确的，或者最终满足你的情感需求。

你和前伴侣分道扬镳是有原因的。你的价值观太多样化，你的观点太两极分化，或者你的核心需要太多的矛盾。

在理性分手中，这不是一个问题，因为我们为分歧和不一致的观点腾出了空间，正如哲学家肯·威尔伯所说："每个人对于某件事（的观点）都是正确的。"这不是为了赢得战争。这是完全放弃关于战争的想法，并且确保每个人都能前进得更远。事实是，在这一点上，谁对谁错，并不重要；谁伤害谁更多，并不重要；甚至，即使你们不能就关系结束的原因而达成一致，也没有关系；重要的是，当所有被卷入的人失望时，你寻求以帮助他们成长的方式结束这一切。

当罗宾和她的丈夫加里决定结束他们19年的婚姻时，他们希望对他们12岁的双胞胎儿子扎克和迈尔斯以及他们10岁的女儿艾玛造成最小的伤害。然而，在加里搬离家后的几个星期里，3个孩子全部都开始表现出痛苦的迹象。艾玛开始写病态的诗，扎克的成绩大幅下降，迈尔斯在学校和别的孩子打架，导致他们的父母和我预约面谈。我解释说，虽然他们下定决心不在孩子面前打架是令人钦佩的，但不足以创造出他们所希望的幸福和凝聚力。在某种程度上，孩子们什么都知道。无论你说了些什么，一点点眼珠的转动，嘴唇的微微收拢，手臂的无意识交叉，或是深深的、流露的迹象都可以让每个人知道你的真实感受。因为罗宾和加里是有爱心的父母，他们同意做一个练习，以帮助净化他们之间的氛围，希望他们能够让孩子从他们之间的不和中解脱出来，同时也有助于缓解他们之间明显紧张的关系。

> 切莫割断可以解开的东西。
> 贾克琳·史密斯

罗宾提出离婚是因为她无法从加里那里得到她所需要的情感。多年来，她一直在把他拖进治疗室，试图让他谈谈自己的感受，全心全意地倾听她的感受，并表示出同情。但这一切对加里来说是很不自然的。他更注重思想，而不是心，他妻子长期以来的不快乐使他心烦意乱。不管他多么努力地取悦她，他总是失败。所以，在结婚近二十年后，他们选择了各奔东西。他们没有在孩子们面前大声喧哗或公开争吵，然而，表面背后却有怨恨。加里觉得受到了长期的批评，好像他所做的一切都不够。罗宾深深地感到不被爱，因为他本应该更努力地给她提供她所需要的，这样他们的婚姻才能维系。

本着理性结束的愿望，他们愿意倾听对方的意见，并讨论分手所造成的伤害。罗宾首先倾听了加里，加里则结结巴巴地谈到，不断地被人要求提供他无力提供的东西，令他精神紧张。当他分享这让他感到多么无力时,触动了她的心。她没有试图让他明白,这对她来说有多痛苦,也没有试图让他明白,她为什么需要更多的情感支持,相反,她只是听取了他试着告诉她的他自己的经历。她不再需要和他一起解决这个问题了,她有心把注意力集中在如何补偿他之上。她对自己所造成的痛苦深表歉意,并承诺将调整自己的期望。她保证从此刻起,真诚地从欣赏的角度对待他,并放弃对他不切实际的要求。加里感受到的解脱是显而易见的,消除了他多年来所承受的伤痛和怨恨,然后,他把注意力转向罗宾,倾听她倾诉心声,她对自己的婚姻感到多么失望,毕竟她为他们的婚姻付出了所有的努力,但他在情感上一直没有帮助过罗宾。她谈到在他们的婚姻中她感到多么孤单,而加里欣慰地说,他不再需要做任何事来安定她的情绪,只要倾听和承认它们,他就能同情他的妻子。他第一次理解了开始为她渴望自己想要的东西,为什么离婚对他们每个人都是正确的。他的补偿是让她离开,这样,她就可以找到一个更合适的伴侣,来满足她的情感需求,从而使他从过去的内疚中解脱出来。

他们之间的能量从溃烂的伤痛温床转变为几乎是温暖的、相互支持的友好关系。他们的孩子们感觉到了这种转变,仿佛被施了魔法似的,立刻开始好转。他们的离婚成了一场家庭冒险,而不是失败,因为孩子们有兴趣帮助爸爸找到一间新的公寓,然后帮助他装饰新居。罗宾现在正和一个以心灵为中心、情感慷慨的男人建立新的关系,这个男人在很多方面都是她的梦中情人。孩子们喜欢他们妈妈的新伴侣,而且,看到他的前妻如此快乐,加里也开始接受和感激他,更加理解为什么决定结束他们的婚姻是他们能做的最好的选择。

神经生物学的最新研究表明,消极的对话比积极的对话在我们心中保留的时间更长。当

> 在我的一生中,我经常不得不食言,而我必须承认,我一直认为这是一种有益健康的"饮食"。
>
> 温斯顿·丘吉尔

我们感到被我们所爱的人诅咒、谴责、羞辱和责备时,我们的身体会产生更高水平的皮质醇,这种应激激素会刺激我们以好斗、自我保护的方式行事。亲密伴侣的拒绝是如此有害,以至于我们会感觉到最终的侮辱行为和言语远比实际更

糟糕，影响了我们对关系的记忆，并在关系领域制造了有毒的紧张氛围，可以感觉到，这就像是对任何卷入其中的孩子进行了攻击。

在爱的尽头，很少有人会有意识地伤害他人和自己，而大多数人至少会尝试友好地分离。然而，当我们试图用一场完整的对话来调和损害时，我们通常会花费大量的时间来解释为什么我们会像以前那样做。我的父亲就是那样对待我的母亲的。我从来没有学过该怎么做，是我的占星图让我这样做的。我这样做只是因为你那样做。最重要的是，我们都试图被理解。而且，在我们为对方付出足够的代价之前，我们会说服我们的前伴侣原谅我们的行为，仿佛对方的痛苦并没有我们被误解的痛苦那么重要。

> 不和平结束的关系，根本没有结束。
> 梅里特·麦洛伊

净化氛围

为了消除你们之间仍在激荡的紧张关系，你需要大大减少对被理解的兴趣，更多地理解你的选择和行动所造成的影响。更少地坚持自己的正确性,把更多的兴趣投注于如何使事情本身更正确。

为此,我提供了以下内容,对我的同事克莱尔·扎米特所创建的类似实践进行了修改。[1]

你可能想邀请你的前任伴侣和你一起做这个练习。然而,如果这样做是不可能或不安全的,你也可以把它作为一种灵魂对灵魂的交流(见第三步),利用你的想象力,想象一个进化过程,在你们之间形成一个更健全的结局。

1. 需要理解,这个练习唯一的目的是净化氛围。认识到这个练习的目的只是为了消除你和你的前任伴侣之间的任何伤痛和怨恨。因此,我请你抛开自己的目标——实现自己的需求、改变前任伴侣的想法、赢得争论,或解决你们不可调和的分歧。

2. 找出你们各自仍在与之抗争的伤害和失望。我请你们每一个人列出对你们来说仍未痊愈的伤害和强烈的怨恨,尽管你们已经相互道过歉了。

3. 愿意为自己对前任伴侣造成的影响承担责任。首先决定谁发言，谁聆听。

对于说话者：你被邀请来分享你仍在与之抗争的伤害，以及你的前任伴侣的行为对你造成的影响。（例如："你毁了我，你对我说谎，我不确定我是否会再相信任何人""我的自尊心一直都很低，因为你不断的贬低和抱怨""好几个星期了，我睡不着觉也吃不下饭，因为你的突然离去，我饱受精神创伤"。）

对于聆听者：你被邀请放下你的防卫，努力活在当下，能够去聆听你的前任伴侣所说的话。无论你是不是认为你的前任伴侣所说的故事是准确的，无论你是否认为他或她在从自己的角度看待整件事。认识到我们彼此伤害的许多方式都是无意的；我们无意识地重复着旧的模式，我们分心、自我陶醉，或者简单地假设别人和我们一样。你是否故意伤害你的前伴侣不是重点，他或她受到了伤害才是最重要的。抛开谁对谁错（除非你现在能看到自己可能错了），并愿意为自己的行为所造成的影响承担责任，不要忘记把他或她说的话最小化或忽略。相反，你应该有兴趣去发现自己如何促成且共同创造了让你的前任伴侣目前正在与之抗争的痛苦。

4.让你的前任伴侣知道,你现在看到了自己的行为对他或她所产生的影响。

对于聆听者:尽量不要打断说话者,除非你要求他或她对其所说的话进行更多的澄清。让你的心真正地被你的前任伴侣所分享的体验所感动。不去解释你为什么做了你所做的事,或者境况可能对你有什么影响,将你的注意力完全放在他或她身上,并对你的选择和行动对他或她产生的影响给予真正的关心和关注。

带着深刻的人性和说出真相的意愿,把你的选择和行为对他或她或其他人的影响,反馈给你的前任伴侣。

对于说话者:在你觉得你的前任伴侣真正了解他或她的行为和选择对你以及你所爱的人造成的影响之前,不要继续往下说。

5.提出采取健全的正确行动来弥补。过去的伤痛不会因为我们对自己所做的事感到不安而消失。说"对不起"也并非总是能让人回归理性。真正清除氛围中有负面情绪残留的是,一种补救措施——带着明确的让境况重归完整的意图。

对于聆听者：考虑你现在可以对你的前任伴侣做出的补偿。虽然你不能回到过去，改变你曾经的选择，但你可以采取健全的正确行动去试着弥补过去所造成的伤害。例如，主动为你的错误付出代价，采取措施厘清你造成的混乱，或承诺以后不再对任何人这样做。

对于说话者：想想什么能够真正帮助你修复前任伴侣对你造成的伤害，让你得到补偿。虽然没有什么可以挽回所发生的一切，但真诚的忏悔和补偿可以让你和每一个被卷入的人从这段经历中得到疗愈，而不被过去的错误束缚前进。

一旦说话者感到说完了，就交换角色，这样你们每个人都有机会清除敌意、伤害和怨恨的氛围。

有关此练习的免费音频下载，请访问：

www.consciousuncoupling.com/StepFourPractice

注意：沟通练习通常用来让人们更亲近，而不是帮助他们分开。不过，在这一点上，你可能会发现，参与理性分手的过程已经打开了和解的潜力。如果你和你的伴侣希望探索复合的可能性，请访问 www.ConsciousRecupling.com，了解如何最佳地支持复合的尝试。

发展你们的关系

金继（Kintsugi）是日本的一门历史悠久的艺术，用金、银或铂来修补破碎的陶器，把一个看似破败的物体变得独一无二得美丽和优雅。金继背后的哲学是，通过修复过程，证实受损物体的价值而尊重其历史。通常，这个过程会创造出比原始物体更美的东西。所以，我们也可以用一种方式来修复一段破裂的关系——通过关系结束后我们的行为，来尊重这段关系的历史，并证实它的价值。

当我和我的前夫马克最初分开的时候，我们自己计算出了财务细节，没有律师或法官的帮助。几个月来，一切顺利，因为我们

> 悲伤不会改变你。
> 它揭示了真正的你。
> 　　　约翰·格林

都能履行协议。然而几个月后，一个工作日的下午，当我正吃午饭时，我接到马克的电话，说他丢了工作。我的第一个想法是担心他付不起房租；我的第二个问题是害怕地意识到，他也无力支付给我钱，来养育我们的女儿。没有什么能

像掉落谷底那样诱惑人们，把所有理性分手的良好意图都抛到窗外。我猜，他比他所说的更沮丧。所以，我鼓励他，建议他马上就回来。然而，我暗中却感到恐慌。即便我们中没有一个失去稳定的薪水，但从一个家庭变成两个家庭都会很难。我知道，马克很快就会面临更艰难的选择，如何使用他突然有限的资金，我立刻开始在脑海里回想一系列的理由，比如：为什么在即将到来的失业期绞尽脑汁他需要兑现他的经济承诺，把照顾女儿放在首位。

整个下午，我都在绞尽脑汁思考：这种情况下什么是正确的行动。当然，我依靠马克的供给来支付账单。然而，我也非常有创造力且足智多谋，把一只财务兔从帽子里拽出来的次数比我想象的要多。到最后，我做了一个重要的决定。我想，我必定有数百种方法来增加我们的家庭收入，而不是让我和我女儿唯一的父亲关系紧张。因此，在我们的孩子心理健康受到威胁的情况下，我选择把这一时刻作为一个完美的时刻，为我们新发展的家庭建立一些善意。我打电话给马克，告诉他，失业时不要担心给我费用的事。这在他努力尽快找到新的工作期间，缓解了紧张的经济压力。在接下来的几周里，我一直在思考如何延长我的办公时间，增加与私人客户见面的时间，两个月之后，我已经设法弥补上了马克每月应支付的份额。

这种团队合作和慷慨的行为，是对我们正在建设的新的未来的投资，是对我们正处于危险之中的破碎家庭的黄金修复。为许多这样的慷慨和深思熟虑的时刻定下的一个基调，成为我们之间联系的特征。因为我有远见地认识到，这一时刻是我们之间产生仁爱的机会，所以，我们从传统家庭向扩展家庭的过度，仍继续蓬勃发展。我们可能是一个不寻常的小家族，但我们远不是一个失败的家族。当我站在祭坛前承诺一生的爱和奉献时，这可能不是我所希望的，但它以自己的创造性和诡异的方式而成为美好。

虽然听起来很奇怪，但在一段关系结束时比开始时更能感受到爱。因为在浪漫的第一次脸红中，我们经常计划从我们的伴侣那里得到我们想要和需要的一切，使我们很容易付出自己；在爱的尽头，当我们更清楚地知道，在我们与感情的失望和真正的局限作斗争时，我们才有机会给予和接受真正的关怀，这种关怀除了为正确的理由做正确的事情之外没有任何动机。在旧的桥梁被拆毁的时候,这些公平和善意的慷慨举动对建造新的桥梁大有帮助。

我们要养成询问自己的习惯:我如何应对我们现在面临的挑战,会产生什么样的结果?敌意?分裂?更大的压力还是凝聚力?修复?幸福?我们都知道建立良好的关系需要时间和关怀。然而,新成立的大家庭也是如此。我们希望不断地扩展自己,以弥补、恢复、学习和纠正我们的错误,让自己变得更加宽容,超越我们的舒适区,以便看到他人的观点、重新赢得信任、恢复对家庭的尊敬,并修复已经造成的任何损害。扭转局面可能需要时间,然而,当我们有机会以健全且健康的方式发展关系时,我们都希望抓住这些时刻。你所做的每一个慷慨的举动,都有潜力在未来的许多年里制造出善良的涟漪。当孩子在这样的家庭中长大时,不管他们的父母是已婚还是未婚,他们都会健全成长。

> 你唯一应该与之抗衡的人,就是那些帮助过你的人。
> 约翰·E.索瑟德

问问你自己：

我可以向我的前任伴侣表达什么样的慷慨姿态，以弥补我们之间所造成的任何伤害，建立平静和（或）产生更大程度的善意？

智者一点就明

在这一点上，我建议你们采取一种更正式的相互联系的方式，提供一些非常必要的空间，来适应你们新生活的环境。由于不用再为伴侣的幸福负责，所以，我鼓励你放弃过度参与，并给予你的前任伴侣其自身的隐私权和过渡空间。然而，如果你们确实需要交流，你会希望以和平的方式去做，这样，你们就可以避免琐碎的争论，尽你们所能，去创造与不断提升你们之间的善意。

为了帮助那些必须在分离过程中继续进行合作交流的人，无论是因为你们有着共同的孩子、商业关系，还是共同

> 总是在寻找不那么云诡波谲的天空。伤害，在它上面飞；背叛，在它上面飞；愤怒，在它上面飞。你就是那个驾驶飞机的人。
>
> 玛丽安·威廉姆森

的社区，我都提供以下内容：请记住，这些都是你渴望实现的理想。如果你犯了错误，只需要把你犯下的任何错误清理干净，然后，重新开始。

分手后沟通指南

1. 尽你最大的努力以你聪明、强壮和足智多谋的成年自我来进行交流。

当我们以贫瘠的、破坏性的或具有伤害性的方式进行攻击时，通常是因为，我们局限在自己年轻的那一部分中，无法获得我们作为具有高运作力的成年人所拥有的智慧、力量和足智多谋。在和你的前任伴侣说话之前，你不是要压抑自己年轻脆弱的部分，而是要转向它们，让自己变得圆滑，这样你就可以表现得像一个真正强大、成熟的成年人。（参见步骤一的练习：创建一个指导性的咒语。）记住，是成年人的你，而不是年轻的你，掌握着通向充满力量的未来的钥匙。

2. 以创造你想要的未来的方式说话。

咒语一词，在世界各地普遍用来表示魔法的创造，被认为是源于阿拉姆语的词组,意思是"我创造了我所说的"。不要以为仅仅因为你已经为所有这些设定了一个积极的未来,你的目标就会自动实现。相反,你要开始把你的演讲作为一种创造的行为。与其简单地报告正在发生的事情(这往往具有明显的负面倾向),不如试着把你的话看作有能力建立一个新的世界。通过积极的、肯定生活性的陈述来表达你的未来,例如:"我们可能在这一过程中遇到一些障碍,但我们共同解决问题的能力似乎正在提高""从你的反馈中,我学到了很多东西,我知道从现在起,这些将帮助我与每个人建立更好的关系",或者"这是我们发现如何更好地合作的黄金机会"。

3. 努力回应而不是反应。

不要把你的力量交给那些与自己幼稚的无意识部分进行交流的人。相反,看看你是否能用成熟、聪敏和智慧来提高谈话的水平。首先,改变谈话的方向,提醒你的前任伴侣你致力于达成的目的,并塑造有助于你达到目的的礼貌和体贴。

当你可能被要求去调整你的期望值、设定新的界限、提

> 当一切都失败时,就去爱吧。
>
> 伊丽莎白·莱瑟

出明确的要求,甚至在沙地上划出一条线时,要以一种真正符合你希望创造的、健康新未来的方式去做。要说一些能使潜在的情形螺旋上升的话,比如"我听到了你的话,明白为什么你会心烦意乱。这对我们大家都是一个挑战。然而,我的意图仍然是,确保这对每个人都是双赢的,所以,让我们看看我们是否能一起解决这个问题"。

通过选择成为一名爱之炼金术士,你已经带着你沉重的心走在了前面,把它变成了新的光明未来之黄金。这种选择不是一种强迫性的、幼稚的或表面的乐观主义,而是一种明智的、有灵感的和见多识广的乐观主义。这种乐观主义知道最坏的情况会发生,却选择在面对它时肯定生活的整体美好。不仅肯定生活的美好,而且愿意成为它的代理人。诚然,一个人可以找遍全世界,却找不到比这更伟大的爱。

步骤四　自我关怀建议

（每日至少2次）

1. 变得具有社会性。打电话给朋友，只是为了赶上他们，和老朋友一起吃饭，或者只是花点时间和邻居聊天。伸出手来，努力与周围的人真正地联系起来。

2. 外出。至少在阳光下待5分钟，在海滩上散步，做些园艺工作，或者脱掉鞋子光着脚在草地上行走。

3. 只是为了好玩而学些新东西。拿起一本主题与你的谋生无关的书，学习一门新语言的基础知识，或者报名参加烹饪或绘画课程。

4. 重新创造你的生活环境。把所有的窗户都打开，让微风吹进你的家，重新布置家具，或者把那些你累积起来的不再想要、需要或爱的东西扔掉。

5. 为他人创造幸福。慷慨地对待你的时间、注意力、金钱和心灵，给比你更需要的人5美元，给某个人一个惊喜——提供一次随机的善举，只是为了聆听他或她的负担。

6.列出你能感激的100件事,并把它放在附近,这样你可以在需要的时候找到它。

共同进行这个计划的夫妇请注意:

在你们理性分手计划的第一步中,我鼓励你们彼此直接交谈,以便为你们致力于共同创造的新未来谋求一个一致的目标,只要你们都觉得安全。你们每个人都应该提供关于共同努力的目标的想法,以选择对你们双方都真实可行的目标。

尽你们所能,让这个目标令人难忘。因为你们需要参考它,以便帮助你们以支持它实现的方式,来应对你们所面临的挑战。如果你们中的一个忘记了,并以一种不协调的方式行事,甚至破坏了你们的共同目标,另一个人应该通过使用令人安心和尊重的话语,以及采取公平和体面的行动,温和地引导双方回归你们的共同目标。记住,你们每个人都必须愿意成为领导者,更多地关注自己如何对挫折、延误做出有力的反应,而不是关注你前任伴侣如何行动,以及是否遵守规则。假设你们都会犯错,面对错误,要慷慨大方,并认识到要做到完美是不可能的,给你和你的前任伴侣留下很多犯错误的空间。最重要的,不是你摔倒的频率,而是你愿意再坚持几次。

注释

[1] 这个练习是克莱尔·扎米特为女性力量 9 个月掌握计划的参与者创建的一个名为"清理领域"的练习的修改版(见 www.FamininePower.com)。这也是在我的九个月呼唤"救世主"爱情大师培训(见 www.Calling intheOne.com)中所教的。

第五步
创造你此后更加幸福的生活

> 为一块小馅饼而战是可以理解的,
> 但为一块更大的馅饼而战则是令人钦佩的。
> ——柯来农·道尔·麦尔顿

在你的理性分手计划的第五步,也是最后一步中,你将得到支持,做出明智的、健康的、肯定生命的决定。一旦你承担重建生命的基本任务,建立一个重要的新结构,就会让你和所有被卷入的人在这一转变之后茁壮成长。

在经历了失去爱情带来的悲伤之后,你可能还没有完全意识到在悲伤的另一面等待着你的美好生活。虽然你的新生活看起来有点像你抛下的生活,但你的目标并不是要对你曾经拥有的东西创造一种更好的愿景,而是要扩大你现在可能拥有的东西,包括新的视野、朋友和兴趣,以及探索被遗忘但充满希望的可能性。

这些全部都会带领着你和你所爱的人平安地回到你幸福的家中。

在第五步中,创造你此后更加幸福的生活,你将会:

·完结你们的关系所依据的旧协议,并采用新的、更适合现在的形式。

·创造适合整个社区的凝聚力和一致性,以确保在一种具有支持性和滋养性的环境中重塑你的生活。

·学习你可以如何进行温暖且有意义的理性分手仪式,让你、你的前伴侣以及所有被卷入的人解脱,并有力量带着爱和清醒继续前进。

找到健全、健康与合作的方式来照顾孩子,分配财产,并引导法律程序,确保所有被卷入之人都能获得前进的胜利。

* * *

伟大的哲学家柏拉图的对话体著作《会饮篇》(*Sym-posium*)

中提到，爱情是充实又空虚的孩子。虽然我们都愿意在爱的充实中度过我们的大部分时光，但我们每个人也都有进入空虚的时候，因为我们都无法逃避生命与爱的周期性本质。虽然这场分手并不是你所希望的，但这正是你所得到的。如果你有智慧，在某个时刻，你就会知道，你需要停止与不可避免的事情做斗争，放下你的不满之剑，把你的心软化成一种简单的臣服状态，接受生活原本的样子。

> 这些天鹅怎么知道何时该飞向太阳？谁告它们季节？我们人类怎么知道什么时候该继续前进呢？就像候鸟一样，当然，我们内心也有声音……这声音告诉我们什么时候该进入未知世界。
> 伊丽莎白·库伯勒—罗斯

尽管我们抗拒进入空虚，但一旦到了那里，我们就会发现那是一个相当平静的地方。放手的时候，你不仅清空了你曾经生活过的生活和你曾经交往过的人，而且清空了琐碎的、卑鄙的想法，消极和有害的冲动，断断续续的痛苦和部分真实的故事，诸如羞耻、毁灭性的内疚或自我憎恨等毒害性情绪也被清空了。虽然许多人害怕进入这个空虚的（或者可能是神圣的？）深渊，但这种特别的空虚当然是一种有生命力的空虚，充满了创造的潜力。正如苏菲派诗人鲁米所说："看起来像是结束，看起来像是日落，但实际上，是黎明。"

世上所发生的最糟糕的事情，其最好的部分就是，它让你重新想象。尽管你可能已经竭尽全力对抗这一刻，但你可能会发现，臣服于它的纯粹的空虚，提供了令人惊讶的解脱。你是谁，你爱什么，你如何度过你的时间，突然之间，这些都被重新设计。你甚至可能会感到高兴，因为你现在可以自由地重新创造你的生活——以符合你内心深处的渴望、核心价值观、真正的兴趣和更高要求的方式来创造。随着你努力寻找一个值得你经历一切的未来，通过吸收你在以前的关系中所获得和学到的一切，你可以显著地改善自己的生活。

协议 2.0

每一份协议的核心都有一系列的条款，有些是有意识地同意的，有些只是简单

> 你现在的境况并不能决定你能去哪里，它们只能决定你从哪里开始。
>
> 尼多·奎宾

的假设。事实上,可以说,我们之间的关系,其定义就是,签订一套复杂的协议和承诺,这些协议和承诺告诉我们,我们将对彼此投资多少内心和灵魂,以及我们对自己和彼此的期望水平。诸如:"你将是我一生中唯一的爱""我会一直在你身边""我一生都会忠于你"这类奉献的承诺,作为一种拥有自己生命的意愿,建立起动态的习惯和动态的关系,使我们更容易在这种伴侣关系的范围内日复一日地生活。然而,这些协议,往往是认真的,带着极大的感情,在关系结束后的很长一段时间内,都会对我们产生影响,使我们在前进中产生矛盾、分裂和一些障碍。

艾米丽是一位有魅力、聪慧的48岁企业家,她已经和丈夫离婚十多年。虽然他很久以前就再婚,开始了新的家庭,但她一直没有约会过。她来找我,想知道原因。当我们坐下来谈论她的生活——她的希望、梦想、历史和艰辛时,我突然想到,需要探讨一下她在结婚那天对前夫许下的誓言。在分享关于他们婚礼的记忆的过程中,她突然倒抽一口气。"哦,不,"她睁大眼睛叫道,"我一直在信守对他忠诚的誓言!这些年来,我一直忠于我在祭坛上对他的承诺。"

她从小就被教化为天主教徒,被教导婚姻是终生的。虽然在显意识层面她有不同的想法,但在内心深处,她坚定地忠诚于她在上帝、丈夫、家人和朋友面前所许下的誓言。尽管他们已经有近十年没有说过话了,但她还是决定那天晚些时候给他打电话。听到她说的话,他很惊讶,幸运的是,在她说她不会再信守对他的忠诚誓言时,他表现得和蔼可亲。虽然很明显,但直接说出来并有机会得到他的祝福,让她终于重新开始约会。

> 优雅地离开有一个诀窍……它意味着,在不否认其有效性或其过去对我们生活的重要性的情况下,离开过去。这涉及一种未来感,一种信念,即每个出口都是一个入口,我们正在向上移动,而不是向外移动。
>
> 艾伦·古德曼

为了真正的自由,你需要仔细考虑你们建立旧关系时所依据的协议,并调整你对自己和你的前任伴侣的期望,使之更适合你所做出的选择。期待他永远是你的坚实后盾,她永远不会像爱你那样爱别人,他是你的经济来源,她是在你生病时照顾你的人,他是你的安全空间,她总是把你的需要放在其他人之前——这些都必须被发现,并有意识地进化,以适应你们每个人都需要创造的新未来。

在《你工作时的大脑》(*Your Brain at Work*)这本书中,大卫·洛克博士断言,保持正确的期待是幸福、健康生活的核心。当期待得到满足时,我们感觉很好。事实上,当我们预料中应该发生的事情发生时,我们大脑中的多巴胺会点亮电路,就像我们向静脉注射了一剂吗啡一样。我们觉得自己的生活好像走上了正轨,世上一切都很好。另一方面,未满足的期待会导致多巴胺水平大幅下降,从而在我们的大脑中引发威胁反应。这就解释了一次糟糕的分手带来的某些痛苦、期待落空的冲击,会使我们遭受痛苦和永久的小损失,因为我们的希望——恢复旧协议的坚实基础——是空想,于是,我们一次又一次地感到失望。

> 当你陷入困境时,重新开始行动的方法不是寻找答案,而是找到一个新的问题,而你的生活就是答案。
>
> 詹妮弗·克劳斯

鉴于这一点(这可能是你很少听到我这么说的一次),重要的是你降低自己的期望值,调整它们以更适合你目前的境况。让你自己摆脱你们的关系曾依据的协议的束缚,这样,你就可以有意识地创造出新的、更合适的协议。产生新的契约,可以安全地把你们俩带到新的生活中去,无论你们是在过渡到一种新的关系形式,比如:合作的双亲、终生的朋友,或是欣欣向荣的商业伙伴,或是仅仅走向带有善意的离别。

问问你自己:

我和前任伴侣达成了哪些不再适合我保留的协议?

例如:"我会永远等你。""我永远不会像爱你那样爱任何人。""你是我唯一的灵魂伴侣。"

我的前任伴侣与我达成了哪些不再适合我期待他或她履行的协议?

例如:"我要为你的幸福负责。""我会一直在情感上照顾你。""你一遇到麻烦我就会让你脱离困境。"

我可以制定哪些新协议,以适应我致力于创造的新未来?

例如:"作为我孩子的父亲,我将永远尊重你,支持你与他们的关系。""我将永远珍视我们作为亲密伴侣在一起的宝贵时间。""你将永远是我的大家庭的一部分,我也将鼓励我的所有家人继续与你保持良好的、有爱的关系。"

注意:在你独自进行理性分手步骤、不能直接与前任伴侣分享的情况下,你可以通过灵魂间的交流与他或她沟通这些变化(参见步骤三),想象一下,你正在进行一场心与心的对话,在那里,你完成了旧的协议,并创建了与你现在所致力于创建的未来相匹配的新协议。

创造社区凝聚力

索菲和她的伴侣玛丽已经在一起近十年了,对她们来说,有一点是很明显的——是时候走各自的路了。一个星期天,玛丽出城去看望家人时,索菲发现自己和几个她们的共同好友在一起。他们中没有一个知道这对伴侣要分手了。很大程度上是因为索菲和玛丽一直对此保密。然而,索菲觉得是时候"出柜"了,可以这么说,借此机会向他们吐露所发生的事情。听到这个令人震惊的消息后,她的几个朋友开始对不在场的玛丽嗤之以鼻,暗中批评她,以表明他们对索菲的支持和忠诚。然而，索菲明智地停了下来，并重新引导他们，提醒他们每个故事都有两面性，玛丽和她一样受到伤害。她没有站在某一边，而是请他们为她们俩祈祷，并重申在道路上的每一步她们都需要自己朋友的支持。

你的家人和朋友有着帮助你减轻痛苦的强烈愿望，他们可能会很快背叛你的前伴侣，暴露出他们窝藏着的、你所不知道的各种负面观点和感受。他们这样做的冲动通常是善意的，仅仅是出于提供情感支持的本能。在你们分手前的几个月里，你甚至可能训练他们蔑视你的前任伴侣，引诱别人与你受害的观点串通一气。起初，通过煽动、指责的火焰来排斥你的前任伴侣，这种社交中的坚定表现可能会使你从分手的打击中得到缓冲，但这种谴责很容易产生深远的负面后果，使婚姻几乎不可能成功地过渡到一种健康的新形式。虽然你的原始本性可能想把某人从你们的共同社会圈子中赶出来，作为对不以你需要的方式爱你之罪行的惩罚，通过让别人拒绝这个人，损害其在这个世界上的整体归属感，就像你用煎锅砸伤了她的手臂一样有害。的确，这是一种暴力形式。

来自加州大学洛杉矶分校的内奥米·爱森伯格博士研究

了社会排斥对我们大脑的影响。为了做到这一点,她设计了一个实验,让参与者的大脑在玩一种叫作网络球的电脑游戏时连接到一台扫描仪上。网络球是一种简单的抛球游戏,据说是由三个人在互联网上玩的,实际上,相当于一个小学操场游戏。参与者可以看到他们自己的角色,也可以看到其他两个与他们一起玩的"人"的角色。在某个时刻,两个玩伴开始互相抛球,完全忽略了游戏主题。"这个实验让大多数人产生了强烈的情绪,"爱森伯格博士报告说,"我们发现,当人们被排除在外时,你会看到在……**大脑的**中性区域的活动,参与了痛苦的形成,有时人们称之为痛苦的'受苦成分'。"社会排斥,或没有归属感、归属感比别人少、不受欢迎和被抛弃的感觉——激活了与身体疼痛相同的大脑区域。事实上,被一个简单的抛球游戏排除在外的结果是,不止一个大脑区域,而是五个大脑区域会亮起,这表明社会性痛苦真的会极度折磨人。

我们的许多朋友和家人都会认为,他们现在需要和你的前伴侣反目成仇,来证明他们对你的忠诚,而你可能需要像索菲一样引导他们。当我第一次告诉我的母亲,马克和我决定离婚时，她做了任何一个有爱心的母亲都会做的事——她开始不断贬低他，以及我们的关系，以此来表示她对我的忠实支持。不过，她一滑进那个坑洞，我就把她从里面拉了出来。我感谢她的爱和支持，但我解释说，我想做的和大多数人都不同。我想让我们记住，马克是她孙女唯一的父亲，同样，我也希望我们在他的生活中，总是说他好话、支持他。虽然他不是一个完美的男人，但我承认，我自己也不是个完美的女人。我解释说，我们更关心的是，为我们不断变化的家庭创造一个健康的未来，而不是埋怨。我告诉她，我们所有资产的分配，不会是一场战斗，我们两个会谈话，为了正确的理由，想要做正确的事情，关注每个人的福祉，而不仅仅是我们自己。然后，我请她和我一起，以这种有意识的、善意的方式结束我们的婚姻。虽然她可能有点困惑，在她看来，这是一种全新的结束婚姻的方式，但我相信她也松了一口气。她不必失去她的女婿，她只是不得不习惯他不再和她女儿结婚的事实。

关系有两个不同的方面。一个很明显，是两个人共享的、非常私密的联系——爱情的秘密语言，最能在言语和床第之间显露出来。然而,另一个方面是爱情的公共方面:一对夫妇拥有那些与他们一起成长多年的人,那些在他们宣誓时支持他们的人,那些在感恩节和他们一起吃面包的人,或者那些依靠他们作为社会支柱的人。关系不只是属于关系中的两个人,他们属于一个由其他人组成的完整网络,他们现在可能对这种伴侣关系的解体有很多感觉。"破碎家园"的一部分残骸中,包含了其他人对该婚姻所做的投资,他们可能会因此而感到失落、被出卖或被蒙蔽。

理性分手是为了让所有可能受到你分手影响的人,都能在头脑中产生幸福感,在你扩展了的家庭和朋友网络中,小心地建立起凝聚力和一致性,帮助每个人适应你们关系的新状态。一对已经在一起3年的夫妇,雪莉·迈耶斯和乔纳森·阿斯莱博士,这两位备受推崇的关系专家都在Facebook上发表了他们的分手声明:

亲爱的朋友们和社区:
我们很遗憾地宣布,我们的关系状况发生了变化。虽然我们是灵魂伴侣,仍然深爱着对方,但我们都认识到,将浪漫之路走到底,并不是我们一生的命运。有时候,即使有了真爱,让所有的关系片段都到位,并不总是可行的。因此,带着深深的悲痛,我们决定结束这段浪漫的旅程。

我们带着温柔和尊重告别……为我们所学到的深刻而丰富的经验欢庆,同时也为我们所分享的无数令人惊叹的爱和祝福而感恩。我们致力于学习如何带着尊严和优雅分开,这是对我们在一起的时间和我们共享的爱的尊重。

目前,我们每个人都在过渡,学习在与"我们"有如此强烈的认同之后,我们需要多少空间才能完全回到"我"之上。我们也意识到,随着我们都进入单身生活,有一些潜在的不适情绪障碍需要向前发展。但是,我们在交流,并致力于带着爱分离。虽然我们都很悲伤,但我们也希望,我们能够并且将继续清醒地、带着伟大的爱分开,并以一种将持续一生的形式,重新建立我们的关系。

我们要求,我们亲爱的朋友和社区尊重我们的隐私,让我们有时间和空间来疗愈和应对我们生活中的这些重大变化。

满怀爱意的,

雪莉和乔纳森

在接下来的几周里,他们两人都以鼓励性的话语回应对方的帖子,公开表示他们的高度尊重、尊敬和相互支持。今天,他们两人都有了新的关系,最近贴了一张照片,照片上他们都有了各自的新伴侣。虽然不是每个人都能如此优雅地过渡他们的婚姻,但雪莉和乔纳森对这种可能性做出的典范是令人钦佩的。

在告诉别人你们的分手时,为了有助于在你的社交圈中创造幸福感和凝聚力,我提出以下建议:

1. 保持你的尊严

请记住,在大约三百年前创造的"此后永远幸福"的神话中,大多数人只是假设关系应该持续到"死亡让我们分开"。当一对夫妻结束他们的关系时,如果不是因为你们中的一方或双方死去的原因,许多人都会自动地将其视为"爱情的失败"。

当你碰到这些偏见的砖墙时,无论是你自己还是别人,都不要把它当成是个人的,相反,应该把它看作一个关于爱的程序化集体理念,这在它的时代是有意义的,但现在,不一定适合你们的人生。你应该昂首挺胸,要认识到,分手已经够难了,不要再让别人和自己对一个不再与你生活中的真实价值相一致的标准负责。认识到你自己是一场志同道合者越来越多的运动的一部分,他们也在用这个新的、更开明的方式来结束一场浪漫的结合,并坚定地站在你这一边,把你们不断变化的关系视作是有价值且值得尊重的。

2.在你讲述故事的过程中表现出克制

在像分手这样的创伤性事件之后,我们中的大多数人都需要讲述我们的故事,以帮助我们整合并适应刚刚发生的事。然而,在与他人分享你

> 用鼹鼠山造山的方法是加土。
> 佚名

的故事时,你可能会试图从受害者的角度来讲述这件事,指责你以前的伴侣所做的一切错事。掉进这个陷阱是很容易的,因为他或她很可能做过一些伤害性、刺激性和破坏性的事。然而,请记住,讲述故事是在承担个人责任,承担的是你无意识与你的伴侣合谋并共同创造的事,经由此,你将获得力量,可以在未

> 如果你说不出好听的话,至少要有礼貌地含糊其词。
> 苏珊·安徒生

来创造一种不同的体验。

当你不尊重你的前任伴侣时,你不仅在贬低那个人,也在贬低你自己。当你从受害者和被动的角度分享时,你有失去他人尊重的风险。他们很可能会开始为你感到遗憾,而不是因为你是一个有礼貌又非常明智的人而钦佩你。实际上,你可能会以一种微妙的方式,导致其他人在支持你时投入较少,因为你把他们当作垃圾场,而他们会感觉到这一点。一开始,他们可能很同情你,但最终,他们可能无法有所帮助,只能看着时间想知道他们"还要支持朋友多久"。

另一方面,如果你可以从一种不被动、负责任的角度说话,而不必强迫他们突然开始不喜欢你的前伴侣,来证明他们对你的忠诚,你不仅会得到别人的尊重,还可能会激励他们以你提供的好榜样来更好地结束他们自己的关系。

我的母亲,在25年前和我的继父有过一次非常糟糕的离婚。她在看到马克和我善意且理性的分手方式时,被这种经历所感动,以至于尽管冷战已经进行了几十年,她还是被激励着对前夫递出了一条橄榄枝。出人意料地,在一个非常寒冷的早晨,她打电话给他,邀请他和我的弟弟斯科特去她在佛罗里达的家看望她,那是一个特别严酷的冬天。他对她的好意感到震惊,接受了邀请,他和斯科特一起到她家去,度过了一个有趣的家庭假日,消除了他们之间多年的敌意。这证明,理性分手永远不会太迟。

3. 对他人的行为提供明确的引导

要消除社区中潜在的分歧,一定要带头让别人知道他们不需要站队。不管你多么想把你的朋友和家人一分为二,都要允许他们保持和你们双方的关系。因为一旦发生这种情况,可能需要几年,甚至几十年的时间来修复损伤。

在我两岁的时候,我的父母就离婚了,像大多数离婚的夫妻一样,他们彼此都很讨厌对方。直到40年后,当我去看望我的母亲和父亲,父亲顺便带我去吃午饭时,他们的敌意才结束。我突然发现自己处于一个罕见的位置,可以让他们两人同时处在同一个房间。我非常兴奋,我终于站到了这个不寻常的位置,我强迫他们站在我的两边,对着摄像机微笑,拍下了我今天拥有的、我们三人在一起的唯一一张照片。

对我来说,这个故事最糟糕的部分,不仅仅是我小时候感到的凝聚力的丧失，还包括我的大家庭在他们的交火中丧失。我早年的大部分时间都在试图重新点燃与祖父母、叔叔和堂兄弟姐妹们之间失去的联系。坦率地说，在我成长的过程中，人际关系对我来说是一种巨大的财富。今天，虽然我的父母从未成为朋友，但我很高兴看到他们之间有了更多的礼貌。不过，他们之间爆发战争的那些年却永远在我们之间消失了。考虑到我的家族有敌对分裂的历史，当马克和我选择结束我们的婚姻时，一些人认为他现在正在进入敌人的领地，这并不奇怪。想要让人们弄清楚事实并非如此，并训练他们该如何表现，还得花些时间。在最初的几年里，一些人对于马克和我继续与我们的女儿亚历克斯一起度过假期而感到非常困惑。当我邀请马克参加我们的周末旅行、去拜访奶奶和爷爷，这样我们的女儿就可以享受她全家在一起的一天，人们都非常惊愕。不过，这种新方法的善良和礼貌引起了他们的兴趣，结果，他们最终都敞开了心扉，让马克重新回到了他们的心中。今天，我们是一个快乐、健康的"大家庭"，马克和其他人一起被邀请参加家庭聚会和圣诞夜晚餐，他的家人也带头邀请我参加他们的家庭活动。

让我们做朋友吧

梅丽莎,一个34岁、说话温和体贴、聪明的纽约女人,正在努力接受这样一个事实:她交往3年的男朋友最近告诉她,他想把他们的关系降至单纯的友谊,而不是如她所希望的一样,把关系提高到一个新的水平。挂在她步入式衣柜墙上的幻灯板褪色了,上面画着欢笑的花童、新娘和她可爱新郎的剪影,还有一个明亮璀璨的钻石戒指,似乎每次她换衣服时都在嘲笑她。她泄气了,只希望他改变主意,在晚上陪她,于是她拼命想办法满足他的愿望。然而,被贬为朋友的身份,让她觉得自己被要求搬进了一间她曾经住过并深爱过的漂亮房子的小地下室。在完全失去他和"只是做朋友"的选择之间,她近乎崩溃,除了勉强同意后者之外,她无法做更多的事情。然而,当我问她,他有没有向她表达什么是真正的友谊时,她承认他基本上想要和以前一样的性特权,但不担负忠诚的责任,也没有为共同的未来提供任何希望。"那么,应该如何做你的朋友?"我问道——对于这个问题,她没有很好的答案。

> 让我们慷慨地忘记那些不能爱我们的人。
> 帕布洛·聂鲁达

真正的友谊是赢得的，曾经一度是亲切无私的姿态，直到信任在彼此心中建立起一个家。虽然理性分手促进了友好的分离方式，但不要与向真正的友谊过渡相混淆，有些人可能认为这是从性爱中提升而不是降级。亚里士多德认为友谊是爱的最纯粹的形式，远远超越性爱。他把友谊描述为期盼对方更好并愿意为之行动，与对方的关系就好像他是第二个自己。他称这种爱为**友爱**：一个人因为另一个人本身而爱他，不是因为他在某种程度上对自己有用。由于分手往往是被驱逐之类情感的等价物，伴随着绝望、疯狂、不惜一切代价坚持下去的需求，所以，朝向"友谊"的冲动不一定是渴望把真正的关心延伸到另一个人身上，也不一定是出于避免亲密爱情死亡后对于存在意义的愤怒冲动。一个人的这种突然慷慨的终身奉献的姿态的动机，往往是值得怀疑的，因为他们很容易与自我保护的自私自利相混合，使希望保持"友谊"的愿望成为真正友谊的对立面。真正的友谊是愿意为了他人的利益以有意义的方式牺牲自己，而不仅仅是恋人的轻率替代品。显然，梅丽莎前任情人并不是想以任何真正的方式来满足她真正的需要,因为他在缓冲自己,以免承担其选择结束关系之后的打击。

要真正过渡到友谊,需要始终如一的、微小的、体贴的、深思熟虑的姿态。最近,我很幸运地和克里斯·阿特伍德和他的前妻珍妮特·阿特伍德在当地的一家餐馆共进晚餐。当我们等服务员取回我们的车时,有人主动提出给我们拍照。在那一刻,我们都停止了交谈,看着照相机微笑。然而,就在拍摄前,珍妮特突然从克里斯身边走开,跑过去站在我的左边,把我夹在他们中间。她俯身在我耳边低语:"我们拍照时,我从不站在克里斯旁边,因为我不想让他的妻子感到不舒服。我一直想让她觉得我很尊重她。"这两个人离婚后维持的友谊并不是偶然的,他们的友谊是建立在深思熟虑的基础上的,多年来他们一直是朋友。我的一个前任伴侣,在结束我们的关系后,让我有点失望,但在我们分开几个月后,他听说我生病了,前来帮助我,让我很感动。抛开自己的感情不谈,在我生病的几个月里,他始终如一地照顾我,在需要的时候展现出了真正的友谊。正因为如此,他至今仍是我的一位挚友。用朱利安·罗伯茨的智慧和不朽的话来说,"当你只想让那个人幸福,即使你不是他们幸福的一部分时,你知道这就是爱"。

虽然你可能全心全意地希望把你们的性关系转变成柏拉图式的,但我要警告你的是,生物学会对你不利。因为大自然是这样设计的,在未来的几个星期或几个月里,他的古龙香水的气味,她的手的触摸,他的笑声,或看到她的微笑,可以在一瞬间改变你身体的化学反应,用化学物质淹没你,引发那种因坠入爱河而兴奋的状态。正因为如此,大多数专家建议至少几个月,甚至在可能的情况下用更多的时间进行一次彻底的断绝,以从爱情的负面化学反应中解脱出来。

准备好给这段关系一些急需的喘息空间,分开一段时间,重新调整自己,适应彼此之间的变化。当然,这可能说起来容易做起来难,尤其是当你们有共同的孩子的时候。然而,如果你们必须看到彼此,请记住,任何一种触摸都可能会导致混乱。出于这个原因,我通常建议不要接吻或握手。即使是调情能量的运行也能保持荷尔蒙的流动,所以,尽你最大的努力保持你的情感和性边界的清晰。当你情绪低落时,不要去找你以前的伴侣寻求安慰,而是要找到新的知己。不要向他或她吐露你现在的爱情生活中遇到的麻烦，确保你们的沟通没有任何混杂的信息或动机，保持你们的对话简单，专注于手头的事务，记住，要在彼此之间培养一种更正式的立场，直到你们都觉得准备好试水潜在的柏拉图式友谊。

为了孩子们

我们中的许多人都在20世纪70和80年代长大，当时美国的离婚率翻了一番多，而我们自己也经历了父母们令人讨厌和有争议的离婚。20世纪60年代末，无过错离婚为婚姻的破裂打开了闸门，而无须证明虐待、遗弃或不忠。所有的地狱都爆发了，愤怒的夫妇们开始在法庭而不是社区里抚养孩子。一项又一项的研究表明，离婚对于来自破碎家庭的孩子产生了负面影响。报告说，那些被夹在敌对父母之间的孩子，经常被他们当作互相攻击的武器。这些研究是准确的，我可以亲自证明。我也是那些孩子中的一员，我们都被搞砸了。早在我们知道智齿是什么之前，我们就一直狂欢到凌晨，而且在我们知道安全套是什么样子之前我们就做爱了。我们晚上偷偷溜出去、离家出走、逃课，从父母的钱包里偷钱，在黑暗潮湿的地下室里抽万宝路香烟。我们中的许多人都很沮丧、焦虑、好斗，而且在学业上失败了。我们得了进食障碍。后来，我们的关系变得不稳定而且混乱。当然，人们认为，是离婚让我们付出了代价。然而，老实说，任何时候，当孩子们发现自己处于一对充满争议的父母中间，强迫他们站边、进行道德上可被质疑的行为时，他们都会陷入困境。

著名的《成功婚姻的七大原则》(*The Seven Principal of Making Marriage Work*) 作者，约翰·戈特曼博士以创造健康婚姻领域的开创性工作而闻名，他对 63 名生活在充满冲突和争吵的完整家庭中的学龄前儿童进行了一项有趣的研究。他发现这些孩子的压力荷尔蒙水平长期较高，而其他孩子则没有。他还发现，在他们 15 岁的时候，他们有我上面描述过的那些问题，比如：长期旷课、拒绝同龄人、辍学，以及比那些家庭生活和谐、平静的孩子成就要低。换句话说，无论父母是否结婚，只要孩子生活在战区，他们就会受苦。我希望家长们像幼儿园小朋友一样在沙坑里打架的日子早已过去，但不幸的是，他们并没有。最近，英国有一项调查是由"解决方案"进行的（"解决方案"是一个支持非对抗式离婚途径的组织；调查显示），大约 1/3 接受调查的青少年和年轻人，经历过父母中的一位试图让他们反对另一位的事。超过 1/4 的人说，他们的父母直接卷入了离婚纠纷，几乎同样多的人发现，他们的父母有一个来自社交媒体的新伴侣。也许最让人心碎的是这个发现：1/5 的人说，他们已经完全失去了与一个或多个祖父母的联系。如果这就是我们在爱情结束时的行为方式，那么"破碎的家庭"这个词当然适用。

我想告诉你们，我从来没有表现得像其他父母那样糟糕。然而，我必须承认，创造我此后的幸福家庭，是一个过程，而不是一个事件。当马克和我起初结婚时，我迎接了他的女儿莎拉，她刚刚进入青少年时代，才离开她母亲／马克的前妻安妮几个小时。有一个感恩节，当时我们的女儿亚历克斯还只是个蹒跚学步的小孩，我们邀请莎拉和我们共进晚餐，因为我们知道她和她母亲要来城里。起初她同意了，但随着日子越来越近，她看到妈妈在感恩节时会一个人待着，她打电话给她的父亲,问我们是否也可以邀请她母亲。虽然马克喜欢这个主意,但我不喜欢,坚定且不容争辩地说了"不"。那个感恩节我们没有见到莎拉。她宁愿和妈妈一起吃披萨,也不愿和我们一起吃饭。

> 生活总是等待一些危机发生,然后才显露出自己最辉煌的一面。
> 保罗·科埃略

从很多方面来说,这件事都是我在本书中分享的观点的开始。我为自己的行为感到羞耻,我深深地反思了自己的小气。正因为如此,莎拉和亚历克斯错过了一个共同度过的重要假期。为什么?因为我觉得受到了威胁?竞争?安妮并不想抢回我的丈夫。虽然当时我还不够大度,不能拿起电话直接向安妮道歉,但我改变了我的心情。从那时起,安妮总是被邀请到我们家和莎拉一起庆祝节日。

在过去的几年里,我们一起过圣诞节已经成为一种传统。莎拉现在长大了,生活在另一个州,但每年她都要飞回家,她和安妮要花 5 个小时的时间去我们家。安妮和我也成了朋友。几年前,当我们在圣诞前夜围坐在客厅里享受着装饰过的圣诞树发出的柔和光芒时,我的女儿蜷缩在我身边,在我耳边低语:"妈妈,"她说,"我能请安妮做我的教母吗?我想有一个和我姐姐一样的妈妈。"对此我衷心地回答说:"好的。"这进一步巩固了安妮在我们这个古怪的、此后一直幸福的大家庭中的地位。

虽然我们可以解除婚姻,但我们永远无法解散家庭而不让孩子在情感上无家可归。随着我们现在对依恋理论的学习,以及我们在一生中对安全和稳定关系的迫切需要,为了成为幸福、健康的人,我们必须认真地重新思考在长期爱情结束时该如何行动。20年前,康斯坦斯·阿伦斯博士、开创性畅销书《优质离婚》(*The Good Divorce*)的作者,证明了不是离婚本身,而是我们一直在进行的极度野蛮和毫无创造性的行为方式伤害了我们的孩子。即使是所谓的"友好离婚"也可能是错的。虽然这肯定比不友好的离婚有所改善,但只要我们建立了两个曾经有过一个家庭的独立家庭,我们就会让我们的孩子受苦。期望他们离开一个家庭进入另一个家庭,实质上是要求他们永远处于渴望和失落的状态,总是为了重新加入另一个家庭而不得不向一个家庭道别。难怪孩子们渴望他们的父母能重聚,他们在不断分裂的小世界里为完整而呐喊。在一场理性分手中，只有一个家庭经历着重新校准和扩张，它要求父母完成必要的成长和情感成熟，优雅地执行这样的转变，而不是期望孩子这样做。

我承认这是枪口下的成长，但是，欢迎成为父母。

对于这种新型的家庭结构，阿伦斯博士甚至给了我们一个名字：双核家庭。现在你有了一个双核家庭，而不是围绕一个物理位置旋转的单核家庭。当你想到这一点时，这并不是一个新的概念。苏姨妈在父母家里住了二十多年，终于有了自己的公寓，离开了父母的家，即使她和母亲不断地争吵促使她搬家，但她也不会停止作为家庭的一员。她只是搬进了一个新家，大家还是一家人。苏姨妈的母亲可能不得不适应她的叛逆坚持——她现在经营着自己的生活，但她会适应的，因为这是家庭的性质，以适应其成员的成长和生活变化。

让我们的孩子失望从来都不容易。然而，在我们年轻的时候，发展智慧和深度的机会就开始了。孩子们无法躲开不可避免的生命损失；相反，他们需要在经历损失的过程中得到大量的爱和支持，以及明智的指导，以帮助他们认识到所发生之事的意义，以免他们自责。另一位亲爱的朋友和同事、育儿专家、《在场育儿》(*Parenting with Presence*)一书的作者、婚姻与家庭治疗师苏珊·斯蒂夫曼提出了这个明智的建议:

　　作为家长最困难的事情之一是,考虑到我们的孩子可能拥有我们不希望他们拥有的经验。当他们生气或受伤时,我们想帮助他们感受更好一些。当他们把自己的悲伤归咎于我们时("如果你对妈妈好一点,我们就还会住在同一个房子里!"),我们想要保护自己。当他们退缩时,我们可能会拼命想让他们振作起来。我们可能会用特殊的威胁来帮助他们减轻悲伤。我们甚至可能会试着说服他们,在这个新的家庭结构中情况会更好。

　　事实上,在这个充满挑战的时刻,孩子们最需要我们的是,让我们成为一双稳定的、充满爱和安慰的手臂,当他们沉浸在悲伤之中时,可以得到我们的拥抱。当我们自己在悲伤和失落中挣扎时,

> 在有压力的时候,我们能为彼此做的最好的事情就是用心倾听,并且确信我们的问题和我们的答案一样重要。
> 弗莱德·罗杰斯

这是不容易做到的，但是如果我们要帮助我们的孩子，让他们知道他们会没事的，那么当事情不那么好的时候，妈妈和爸爸必须在场。只有这样，他们才能在情感上相信我们，这样我们才能帮助他们治愈。

与其试图把对孩子的伤害降到最低，不如帮助她弄清自己的感受，说出你所感觉到的她的感受。"我能看到你很悲伤。"和她一起悲伤，但要让你的悲伤有所克制。我们从不希望我们的孩子来照顾我们，所以对你来说，重要的是，你要有地方可去，以便得到你需要的情感支持，这样才能让孩子们得到你的深度照顾和帮助。让你的孩子安心，帮助他们明白发生了什么，明确地说这不是他们的错，你们仍然是一家人，他们不会失去你们中的任何一个，你们双方仍然爱他们，你们都会好起来的。

我知道我在让一切听起来很酷、很平静和沉稳。但不是这样。过程是尴尬的、令人失望的、痛苦的、艰难的、令人心痛的。有时候你可能只想尖叫，而其他的时候，你会希望自己能逃走。但我向你保证：从长远来看，这一切都是值得的。在一天结束的时候,我们最希望的是,孩子长大后能够成为适应性良好、健康、有弹性、心地善良的成年人。那样的人,会从根本上感觉到自己是安全的,他们知道自己被爱而不必去想太多,他们相信自己属于我们这个美丽的世界,而且在这个时候,他们完全有能力与他人联系在一起,也有能力维系自己充满爱的、稳定的家庭生活。

而这些,我的朋友,采用理性分手是有可能实现的。

把炉子和家分开

我以前住在一栋漂亮的四居室房子里。那里有一个阳光房,我常坐在那里看晨报。客厅里有一个优雅的壁炉,我在

> 最幸福的人并不拥有最好的东西。他们只是物尽其用。
> 佚名

那里蜷缩着看我那堆成山一般的书。还有一个像禅宗庭院一样的花园,我喜欢在那里看云卷云舒。目前,我住在一个可爱而适合的两居室公寓,在一栋可以俯瞰公园的高楼上。公园的中央是一个巨大的喷泉,吸引着玩耍的孩子们,他们喜欢在喷泉的周围互相追逐,并为了许愿而投入一分钱硬币。

一整天,我都能听到流水声和快乐的尖叫声从我的笔窗里传来,明亮的光线射入我宽敞而漂亮的起居室。楼下五层,马克和亚历克斯住在一套和我一模一样的公寓里,这样我们的女儿就可以方便地上下电梯,在她喜欢的时候经常看到我们俩,也为马克和我提供了充分的机会,在她的成长过程中进行合作。虽然我很怀念我的大房子,并期待着有一天我能买一栋新房子,但我很高兴地放弃了它,而更喜欢我们目前更加友好和健康的结构,以培养一个快乐、健康的孩子,她在生活中的挑战与马克和我不再是婚姻关系这一事实无关。我意识到,精简可能是一件好事,这几乎是反美的,但我坚信,生活质量比财产数量更重要,这应该决定我们的生活方式,尤其是当我们孩子的心理发育受到威胁时。

失去长期伴侣关系的冲击,很大程度上是因为失去了生活得更好的希望——特别是经济上生活得更好的希望。此后永远幸福的神话,所期望的是向上而不是向下的流动。然而,当一对夫妇结束他们的婚姻时,严酷的现实是,曾经支撑一个家庭的钱现在需要支撑两个家庭。事实上,研究表明,经济地位的下降是大多数离婚家庭的正常现象,平均持续5年。几乎没有什么的会让我们更害怕前景,或者导致我们以反社会的方式行事,比如:坚持让孩子们花更多的时间和我们在一起,而不是和他们的另一个父母在一起,以便有资格得到更大的一份经济蛋糕,隐藏重要的资产,从联合账户中窃取或者扭曲数字,试图得到超过我们公平份额的东西。当我们害怕的时候,很容易因为树木而看不见森林。

在分割资产的过程中,默默燃烧的仇恨和愤怒也会深深地交织在一起,并煽动一个复仇者产生恶意举动,而这个复仇者很快就会成为可能完全失去洞察力的前任配偶。离婚改革倡导者约瑟夫·索格,在他的书《离婚公司》(*Divorce Corp.*)中转载了一个恐怖的故事,这是新泽西一家家事法院的托马斯·赞皮诺法官告诉他的。在一场特别有争议的离婚中,一位专家证人证实了他估计价值6万美元的婚姻资产。法官很惊讶,因为他被告知,证人的证词被支付了7万美元。"你到底为什么要收7万美元?"他在法官席上问道:"你知道你的客户从这些资产中可能得到的最多是6万美元的一半——少于你的一半费用?"证人耸了耸肩,看着那个雇用他的怨恨的妻子。"因为她想让我这样做。"他回答。

任何以这种自我毁灭的方式行事的人,看起来都很可笑。然而,来自哈佛大学的科学家大卫·兰德带头进行了一项有趣的实验,称之为"最后的通牒游戏"。这项实验为我们提供了一条线索,让我们知道到底是什么可能促使一个人烧掉他们孩子的大学基金。结果发现,这就像是为了报复前任伴侣而花掉的零花钱。这个游戏涉及两个讨价还价的玩家。第一个玩家向第二个玩家提议如何分配资金,如果玩家II同意,他们都会按照建议接受分割的资金,如果报价被拒绝,任何玩家都不会收到任何东西。然后,唯一的逻辑是,玩家I应该尽可能地给玩家II提供最少的金额,而玩家II应该接受这个报价,因为任何一笔钱都比没有钱好。然而,大约半数被提供不公平分割的人都会拒绝接受这样的分配。我们中的许多人宁愿付出代价来报复我们以前的伴侣,因为他们提供了不公平的待遇——即使对我们自己不利,即使所得比我们认为公平的价值还低。加州大学洛杉矶分校的格尔纳兹·塔比布尼亚和马修·利伯曼进行的另一项研究进一步证明,感知公平对解决问题比实际收到的金额更为重要。研究人员通过观察他们的大脑发现,收到1美元中的50美分比 50 美元中的 10 美元更能产生大脑中的奖赏反应。

　　让我们希望你现在已经平静下来，能够以一个清醒的头脑和保持清醒的良心进入这场关键的谈判。因为解开绳结不像打结那么简单，你需要仔细考虑你在这场挫折中与另一方想要维持的关系，并坚持不懈地努力保持事情的公平，以保护这种可能性。我认识的一对夫妻，莉齐和菲尔，结婚 30 年后，加入了美国离婚人口中增长最快的部分——那些超过 50 岁的人。在房子和财产的出售过程中，他们互相支持并慷慨相待，把一切都一分为二，却没有多想。有时，他们会争论，但只是因为他们中的一个认为另一个应该出于某种原因保留超过 50% 的资产——这种争论通常是失败的。有一天，他们不再住在一起之后，菲尔给莉齐打了电话，很不寻常地气喘吁吁。他毫不含糊地告诉她，他将保留他们共同建立的网络营销公司所产生的大部分被动收入。莉齐被这种突然的欺凌行为惊得目瞪口呆，她平静地回答说："好吧，如果这是你真正想要的。"然后，很快就挂了电话。几分钟后，菲尔打电话来道歉。他想收回他所说的话，咕哝着说些失去了洞察力和暂时困惑的话。"发生了什么？"莉齐问道，"你和律师谈过?"

"是的,"他羞怯地回答,"我对此很抱歉。"

获得良好的法律建议是很重要的,这样你就可以了解自己有权得到什么。但请不要把你的权利让给任何人,来决定你将在这次谈判中成为谁,即使那个"专家"的名字后面有很好的证书。在一天结束的时候,你想要以一种方式去引导你的关系走向一种健康的新形式,不需要承担讨厌的情绪所残留的负担,那些情绪来自采取不礼貌的行动,而那些行动可能是难以弥补的。因为我们人类的生物学特性可以非常迅速地把我们带入攻击模式,所以你需要意识到你的行为在你自己和你的前任伴侣身上会产生什么,并记住不公平、吝啬行为的高昂代价。

几年前,我和一个恋人同住了几年。在那段时间里,我们投资了几件家具,分手时,我们平分了这些家具,为卧室买的两个配套的梳妆台,我们一人拿了一个。几个月后,他想要回梳妆台。坦率地说,考虑到他真的为此支付了账单,他这样做是公平的。但当时,我正在一间空卧室里使用它,我不想让它消失,我喜欢它在房间里的样子,而且我变得对此执着。我告诉他，他拿不到了，而且没有多做考虑，我就把梳妆台留给了自己。事后看来，我认为这一刻错过了一次展示慷慨的机会，因为它原本可能会使我们的友谊得以保持。这个选择是有代价的，因为虽然分手后几年里，我断断续续地见过他，但我们从来都不是朋友。我们之间总是有一个尴尬的裂口，这个裂口太大了，无法跨越。原本，产生善意是如此容易，以至于有可能演变成真正的友谊。然而，我选择了梳妆台。几年后，在一场庭院买卖中，我以25美元的价格卖掉了那个梳妆台。这是一个我无法忘记的教训。

仅仅因为你**能够**得到一些东西，并不意味着你**应该**得到。在美国，许多离婚法都是愚蠢和不公平的。想想纽约那些奇怪的法律，这些法律使得结婚后获得的专业学位或执照属于夫妻共有财产。塔尼娅·芬奇和肯尼思·科瑞于2000年结婚，当时塔尼娅正开始接受护理培训。他们于2009年离婚，那时，她已经完成了她的学位。作为离婚协议的一部分，肯尼思坚持说，他有权预先得到塔尼娅现在拥有的学位可能带来的收入的一部分。她是否从未真正获得过护士的工作，与他的情况无关。更不用说，肯尼思在结婚的整个过程中都没有工作,也没有为她的教育做出任何经济贡献。是塔尼娅在获得学位的同时,做了多份工作养家。是的,因为他会在她上学的那些晚上照顾她的女儿,法院认为公平的做法是,作为离婚协议的一部分,他得到了她预计终生收入的25%,要求她将15万5千美元交给肯尼思,以便离婚。这些钱,从现在单身的、两个孩子的母亲来算,她作为注册护士的收入大约是每年7万美元。

有了这样的恐怖故事,以至于越来越少的美国人选择结婚也就不奇怪了;他们使婚姻看起来更像是在系套索,而不是打结。虽然我们中的许多人指望法院帮助我们公平分配资产,但公平不可能总是合法的。因为法律是绝对的,而是不容情的。在一个案件中正确的东西,在另一个案件中可能不正确。促使纽约法院采纳上述法律的案件是这样一种情况:妻子通过医学院的学习,为丈夫提供了经济支持,但毕业后不久丈夫就离开她了,并且即将兑现她所有的辛勤工作。

公平是一种心态,它表明,当压力来临时,人的价值高于利润——这是关系长期保持稳定和健康之人的一个关键原则。在婚姻关系的解体中,鉴于你独特处境的细微差别,你应该有多无私是有机的。然而，现在，与许多复杂的决定——从公平的伦理而非恐惧的情绪中做出——角力，将阻碍你们关系中下一个健康阶段的建立。

公平也是具有流动性的，这意味着，在某一时刻看似公平的事情，可能会随着时间的推移而显露出其根本不公平。当马克和我协商我们的财产分割问题时，我第一本书《呼唤救世主》正在进行版税支付，所以开始才成为问题。虽然我们的调解人告诉马克他有权得到这些版税的一部分，但马克却不想要，因为他觉得这些版税完全属于我是公平的，因为我是这部作品的创造者。当时，我真的被他的慷慨所感动。然而，两年后，每次有支票进账，我都会感到很不安。虽然马克再也没提过，但我开始觉得我们做了一个不公平的决定。当然，他在这本书的创作上投入了他的精力，在我写这本书的时候，他仔细地阅读和评论每一部分，在我为家庭带来更少收入的时候，他在经济上所做的贡献超过了他应得的那一份。我们离婚几年后的一个下午，我打电话给我们的调解人，问他，如果马克要求他应得的那一份，他应该得到多少钱。接着，我打电话给马克，向他解释我为什么要推翻我们的决定,把我们离婚时欠他的钱还给了他,并承诺会继续支付他应得的部分。

> 这样生活,当你的孩子想到公平、关怀和正直时,他们就会想到你。
> H. 杰克森·小布朗

我肩膀上是不是有只魔鬼在我耳边尖叫,说我这样做是多么愚蠢?当然了。但我逐渐明白,比起意大利之旅或新英菲尼迪之旅,正直的感觉要好得多。清白的良心比金钱能买来的东西更珍贵。

使失去爱情合法化

在 1969 年,当时的加州州长罗纳德·里根犯了一个错误,他后来称之为政治生涯最大的错误之一。他签署了美国第一份无过错离婚法案。历史学家推测,他之所以这样做,是因为他的第一任妻子,简·怀曼于 1948 年指控他"精神虐待",以获得离婚。无过错离婚,允许夫妻因任何原因结束婚姻,无须向法官证明他们曾被欺骗、虐待或遗弃以获得离婚许可。在这 10 年里,联邦的每一个州都跟随这一法律,通过了一部无过错离婚法,为离婚革命铺平了道路,使这场革命像野火一样席卷了整个国家。

现在，离婚是美国的大买卖。据《离婚公司》(*Divorce Corp.*)一书的作者约瑟夫·索奇说，我们每年花费大约150亿美元在一个庞大而分散的网络上，该网络的组成包括法官、律师、心理咨询师、专家证人、私人调查人员和其他在家庭法院系统中谋生的人。事实上，通过家庭法院的钱比美国所有其他法院的总和还要多。这是一个鼓励战争、挑衅的制度，旨在拖垮离婚进程，甚至往往比婚姻被解除持续的时间要长得多。

美国的家庭法院是一个极其复杂的系统，大约在40年前建立，目的是为了加快完成数万名离婚者因离婚潮而迅速涌入法院的离婚案件。《家庭法》原本打算成为一个更友善、更温和的法庭，但后来却从几页基本法典迅速发展成2000页的精装书，要求律师参与其中，律师每小时收费高达700美元。不难理解为什么现在离婚被列为在美国破产的第三大原因。

根据米歇尔·洛伦斯法官、《善业离婚》(*The Good Karma Divorce*)一书的作者的说法，你和我可能会为一桩诉讼离婚支付大约3万美元,或者如果有争议,支付5万美元,对许多美国人来说,这是一整年的薪水。不过,在我们这世上的一些文明地区,人们设法以一张邮票的价格解散他们的婚姻。约瑟夫·索奇讲述了他与一位20多岁离异的瑞典公民亚历山大·波戈的会面。当他问她离婚花了多少钱时,她似乎真的被这个问题弄糊涂了,最后才想起,她花了5克朗买信封上的邮票。就像她认识的那些离婚的人一样,她不需要律师。她也没有支付过高的心理评估费用来决定谁将继续监护他们的儿子。相反,波戈只是上网,在法院网站下载了一份简单的表格,然后发送出去。6个月后,她和丈夫离婚了。为什么这么容易?首先,瑞典没有赡养费。离婚有效地结束了两人之间的一切经济义务,除了每月其中一方可能得到150美元来照顾婚姻中的孩子(这就是政府规定的儿童食物和衣服的成本)。斯堪的纳维亚政府关于离婚的终身确认政策的一个重要实践是,他们直接从被命令支付子女抚养费的父母那里收取子女抚养费,并将其发送给接受人。这样,孩子们就永远不知道钱是否迟交了,或者是否曾经钱没有被支付。这就让孩子们免去了看妈妈等待支票到来的痛苦，这样她就可以给他们买上学的书本或者带他们去买衣服。

谈谈理性的意识。

我不打算参与美国关于赡养费的争论，因为我认识到这是妇女权利的一个重大问题——人们想为那些在家照顾孩子的、几十年没有工作的数万名母亲提供经济保护。斯堪的纳维亚体系给我留下最深刻印象的是，离异夫妻之间完全没有怨恨，也不担心孩子们的幸福。我是说，既然没有什么可争夺的，为什么还要打仗呢？虽然冰岛是世界上离婚率最高的国家之一，但据报道，那里的人们也是世界上最幸福的人之一。冰岛的孩子在标准化的数学和科学测试中胜过美国的孩子，冰岛是最聪明和最有生产力的国家之一，在世界人均GDP中排名第六十位，这是任何社会金融活力的主要指标之一。

我分享这一切不是为了说服你搬到斯堪的纳维亚（尽管这很诱人）而是把你从离婚本身就可恨的幻想中唤醒。你必须与你牢牢戴着拳击手套、举得的高高的拳头做斗争。我们已经习惯的复仇需要，可能与我们法律体系的粗糙的结有关，就像这与我们的生物学有关一样。然而，有趣的是，不仅仅是治疗师来救援,他们本身也是律师。因为尽管律师们首当其冲地承担了上千个笑话,让大家都认为他们会为赢得官司做任何事,不管是否合乎道德。但实际上,许多律师都是离婚改革的忠实拥护者,并积极创造更加良好、不那么充满敌意的方式来过渡我们的家庭。

维沃斯的创始人米歇尔·克罗斯贝是一位全盘考虑的律师,她在九岁的时候,目睹了父母的毁灭性离婚,当时,她被摆上议席,被迫在父母之间做出选择,而今,她致力于改变美国的离婚格局。她被美国律师协会在其《美国律师协会》(*National ABA*)期刊上命名为"法律反叛者",该期刊承认那些人是"奋斗者,推动变革,拒绝规则书的律师……为客户服务,提升司法正义"。在过去的10年中,克罗斯贝女士一直致力于开发和授权一个程序,该程序是一个调解与合作离婚相结合的实践,目前,在20个州设有办事处。

> 我完全不明白恩典的奥秘——只知道它在我们所在的地方与我们相遇,却不把我们留在它找到我们的地方。
>
> 安妮·拉莫特

克罗斯贝女士只是美国数以千计的法律专业人士中的一员，他们正在努力改善人们的情感和财务状况，并试图创造出比诉讼更便宜的替代方案。另一位是合作离婚律师丽萨·福布斯，新罕布什尔州福布斯律师事务所的创始人，她倡导一种综合考虑每个家庭独特需求的全面离婚方案。最近，福布斯女士和我分享了"保罗和杰西"的事。当他们决定离婚时，已经是结婚了几年的同性恋夫妇。因为他们收养了两个儿子，所以他们希望友好地结束他们的婚姻。然而，杰西担心，达成法律协议并不容易。保罗是主要赚钱养家的人，而杰西留在家里抚养孩子。他预计保罗不会支付赡养费或平均分配他们的资产。保罗不想分手，觉得被杰西背叛了，这一反应影响了他们以良好的方式结束事情的能力。在一次合作性离婚中，离婚夫妇被赋予一个专业的团队。每一方都有自己的律师，以及一名共享的财务顾问和离婚教练，以帮助实现每个人都能接受的结果。离婚教练帮助这对夫妇与身为人父的价值观保持一致，支持保罗走出愤怒，并开始明白杰西需要多少钱才能为孩子们提供一个良好的家。杰西明白，对保罗来说，财务状况更重要，他相信如果保罗能够保留更多的资产，他会是一个更好的共同父亲。杰西觉得，只要有足够的钱提供给他，就没有必要把他们的资产平分。他真正想要的是，保罗对他的贡献表示感谢和重视。一旦他收到这些，他们就可以开始谈判一个双方都觉得公平的解决方案。为了帮助他们达成这一决议，他们的财务顾问利用客观的图表向保罗展示了，杰西需要多少支持才能避免每月出现赤字。专家们还与杰西合作，预计每月的开支，以确保其是现实且合理的，并可以根据共同育儿的合作目标来证明。通过把这些数字摆在保罗面前，他就能够减少情绪上的反应，更加理性地思考该做什么。

避免诉讼的最重要原因是，一旦法院介入，就可能会失去控制。如果你是父母，你孩子的监护权处于危险之中，这尤其令人担忧。你，和与你同为父母的人，都是想要决定你的孩子将如何被抚养的人，而不是比生活更大的法官，穿着一件吓人的黑色长袍，甚至不认识你或你的家人，但他们却将制定法律，而你将需要与所有人一起以此生活多年。你和与你同为父母之人，比任何法官或监护顾问都更了解你孩子的需要。

如果你屈服于一种幻想,即把你的前任伴侣带到法庭上,多多少少会带来你所渴望的正义,那么你就有犯严重错误的风险。有成百上千的父母不得不忍受法庭不公正法令的后果,他们全心全意地希望自己从未踏进过法庭。无数人,从他们所经历的过程和他们所得到的结果来看,都在离开这个体系后,感觉受到了侵犯和欺骗,即使你和你的前任伴侣没有孩子,通过诉讼失去的爱情,你也很可能会在耗尽自己退休金的同时,增加高价律师的退休账户。

请记住,尽管你确信自己是对的,而且你坚持自己有权利,但当一切都说了又做了之后,最重要的是,一切都是对的。除了诉讼之外,比如冥想、合作离婚,或者在这一主题上的一些建设和平的改变,这些都将帮助你达成协议,让每个人都能赢得胜利。

注意:如果你怀疑你的丈夫或妻子在说谎,隐瞒重要的财产和收入;如果他或她有过用身体暴力威胁你或你的孩子的历史;如果你在整个关系中被控制和欺负;或者如果他或

> 每一个结束都是一个新的开始。
> 谚语

她有毒品或酒精成瘾，那么，你可能需要考虑雇佣一个律师代表你辩护。一种更具协作性的方法至少需要双方都出于正确的理由，在做正确的事情时真正地有兴趣。

理性分手仪式

当行为艺术家玛丽娜·阿布拉莫维奇和尤列（Ulay，乌·雷塞班，Uwe Laysiepen）结束他们作为情人和艺术伙伴的12年光阴时，他们通过艰辛地在中国长城上行走来纪念这一事件；她从一端开始，他从另一端开始，在长城中间相遇，拥抱，再走上各自的道路——这一活动持续了90天，覆盖了2000英里。

他们有23年没有见过面，令人惊讶的是，玛丽娜在曼哈顿现代艺术博物馆举办的一场名为"艺术家现身"的演出表演时，尤列也现身了。一周6天，一天7个小时，玛丽娜会坚忍地坐在炽热的灯光下和一张空木桌旁，凝视陌生人的眼睛。一个接一个地，那些愿意排队等待数小时的人，最终会得到与她在一起的特权时刻。在每一位客人之间，玛丽娜都会闭上眼睛，等待下一位客人就座。当尤列坐到她对面的椅子上时，观众们安静得落针可闻，等待她睁开眼睛看到坐在她面前的人的一刻。当她睁开眼时，脸上闪过一丝微笑，她的眼睛首先亮了起来。然后，沉默的泪水开始从她的脸颊流下，最后，她打破了她的姿势，伸手越过桌子，把他的手握到自己手中。观众们疯狂地喊叫着，热烈地鼓掌，很多人潸然泪下。没有什么能比对爱的肯定更能使我们感动，而这爱还是在分离和疏远中幸存下来的。

标志着爱情终结的仪式往往很感人。然而，我们不会因为悲伤而哭泣；我们哭泣是因为被感动。我们被这样一种认知所感动：爱即使在关系的形式改变时也能存续。你可能认为"离婚庆祝"这个词是矛盾的，然而，越来越多的人找到了尊重彼此关系的道别方式。我们有机会看到两个人理智地承认了一场关系的结束，同时谦卑地请求宽恕，证实他们在一起的美好时光，并向最令他们失望的人提供真诚的幸福祝福，这使我们充实。很少有比这更温柔或辛酸的经历。

虽然有些人可能认为，离婚派对意味着，和朋友一起去拉斯维加斯旅行，涂上石膏，在桌面上跳舞，唱着"我会活下去",直到凌晨。但大多数人都有足够的前瞻性思维,以某种仪式结束他们的长期婚姻,通常会创造一个深刻的个人深情的体验,以帮助每个人治愈疾病,带着爱向前迈进。

由于仪式和习俗标志着我们关系的开始——从情人节仪式到求婚、订婚庆典、单身派对、婚礼和蜜月,那么,为什么不用仪式来纪念我们最重要的结合的结束呢?这样做,象征着一个时代的结束,为健康的终结铺平了道路。

> 当你选择用离婚作为催化剂,迈向非凡的生活时,离婚成为一个神圣的时刻。
>
> 德布尔·福特

一对在一起40年的夫妇在一个迷宫里创造了一个简单的仪式,这个迷宫靠近他们曾经共享的公寓。他们带着几个亲密的家庭成员和朋友,一起见证他们誓言的破灭。他们一起走进迷宫中心,分享他们生活中美好的回忆,彼此祝福,拥抱,说再见,然后分别离开,以表示他们的结合破裂了。

另一对年轻的夫妇,邀请他们的亲密朋友到一个海滩上,见证他们关系的终结,那里是他们5年前结婚的地方。

这对夫妇从心底里分享，并彼此承认他们之间的关系带来的美好和成长。他们交换了戒指，每个人都从对方的手指上取下戒指，温柔地把它放在他们为这个场合带来的盒子里。他们的计划是，把戒指捐给他们都关心的一家慈善机构。然后，他们邀请朋友们发自内心说出鼓励、鼓舞和希望的话，给他们机会表达他们对这对夫妇的爱，并祝福他们分道扬镳的决定。当这一切结束后，他们请大家去了当地的一家餐馆，为未来的幸福而共享一餐。

不是每个人都会对这样的仪式感到满意，有些人的伴侣也不会愿意参加。然而，有许多简单的、更常见的仪式，可

> 克服痛苦的经历很像攀岩。为了前进，你必须在某个时刻放手。
> C.S.路易斯

以帮助你们两个，以及为你们的关系做出付出的社区人员创造圆满的结局。比如：举办一场晚宴，邀请你的前任伴侣和你们身边的人共享。当你们坐下来吃饭时，你首先要为你们共享的美好回忆干杯，并邀请其他人为你们未来的新生活干杯。如果你属于某个宗教团体，你可以邀请一些朋友来和你们二人一同祈祷，祝福你们踏上各自的道路。或者，当你们

中的一个人从你们共享的家中搬出去时，邀请一些朋友来帮忙，并提供乔迁礼物来祝福他或她的新家，比如食物、植物或几瓶酒。

对于那些没有和他们所爱之人结婚的人，我的好朋友、关系专家劳伦·弗朗西斯建议，在离婚时举办一场"关系葬礼"。对单身者来说，爱情之死往往是一种难以忍受的孤独经历，尤其是当你有外遇或处于一种不健康的关系中，你的家人和朋友并不支持这种关系时。劳伦建议，当你回忆起这段关系对你意味着什么的时候，邀请一些朋友到你的家里，向他们展示并烧掉你们两人的旧照片，抛弃那些关于你们浪漫过往的纪念物，并为未来快乐的日子干杯。

虽然上面提到的所有仪式都包括家人和朋友，但在你们两人之间举行一场私人仪式同样有意义。或者如果你不能或不希望与你的前任伴侣直接接触，你甚至可以进行一场独自进行的仪式，如：灵魂对灵魂的交流（参见步骤三）。

如需免费下载一些理性分手仪式，请访问：www.consciousuncoupling.com/StepFiveRituals

更高更远

在《圣经》中,我最喜欢的一句话是《诗篇》中的:"哭泣可以持续一整夜,但快乐在早晨来临。"因为你流下

> 在欢笑的巅峰,宇宙被抛入一个新的可能性的万花筒。
>
> 简·休斯敦

的眼泪,你早就应该得到一份快乐。虽然,那份快乐也许并不是你希望在生活中得到的,但它是心灵的放松——来自与你的真理同在,倚靠在你的座位边缘,倾听来自未来的可能性对你的召唤。

当你准备结束这本书的时候,亲爱的读者,愿你也结束了生命中的这一章,将失落留在身后,走向新的生命和新的爱,它们在悲伤的另一面等待着你。伟大的演员兼电影导演奥森·威尔斯这样说:"如果你想要一个幸福的结局,那么,这当然取决于你在哪里停止你的故事。"虽然你故事的一部分可能已经结束,但新的部分才刚刚开始。愿你以韧性、创造力和勇气,以及对生活整体美好的不可动摇的信念,继续经历自己奇妙而独特的冒险。

第五步　自我关爱建议

（每天至少2次）

1. 采取具体的步骤来实现一个终生的梦想。比如：上表演课，预定去意大利的旅行，或者开始写那部你一直梦寐以求的小说。

2. 开始参加社会团体和活动。例如：参加一个书友会、品酒会，参加塞拉俱乐部徒步旅行，或参加当地你感兴趣的主题的讲座。

3. 参加冥想静修。或者参加一个灵性课程，来发展和探索更深层次的自己。

4. 保持你的身体健康。要前所未有地提升你的日常健康和自我关怀水平。加入一个健身房，开始和一个全面的营养师一起工作，去锻炼身体，或者开始五公里的训练甚至马拉松。

5. 感谢所有帮助你度过这段经历的人。写感谢信、送鲜花、买礼物，或者发一封电子邮件，对他们的爱与支持对你的意义表示衷心的感谢。

6. 列出你更有智慧、更成熟、更可爱的地方。这些变化是由于这段经历而来，并随着你自己的更加进化而决定出现的。

一起进行理性分手计划的夫妇请注意：

在这第五步和最后一步中，我建议你们寻找方法，变得越来越少相互依赖，你们每个人都要有意识地努力发展新的支持体系，来帮助你们处理那些你们过去常常求助对方来处理的生活细节。然而，对于那些你们可能需要不断相互接触的领域，努力以尊重地沟通和建立正式友好关系的方式做到公平和可敬。倾听对方的意见，试着从对方的角度看待问题，并学会从整体考虑所有相关人员的需求。以负责任和成熟的方式去实践你们所学的一切，努力使用你们学到的新技能，这些技能有可能在你们之间产生更高水平的健康和福祉，比如边界设置和礼貌沟通。在一天结束的时候，你们想要在心里带着祝福而不是诅咒来分道扬镳。尽自己最大的努力表达你们的感激之情，通过选择自我负责的方式，努力避免重复过去的伤害和破坏性行为，培养你们之间日益增长的幸福感；努力保持你们的良心清白，思想开放，心地柔软，这样你们就可以让彼此因相互认识而得到充实、拓展和提升。

后记
进化的爱

看看你周围的世界。它似乎是一个不可移动的、不可改变的地方。

不是这样。只要轻轻推一下——刚好在正确的位置——它就可以倾斜。

——马尔科姆·格拉德威尔

在美国,我们生活在一种复杂的紧张氛围中——我们有着对婚姻的强烈信仰,也有着对爱情的憧憬——爱情中总是伴随着自我表达与个人发展。虽然我们90%的人都在生活中的某个时刻会承诺,终生忠贞于一个人,安顿下来建立一个家庭,但我们的国家是建立在自我实现和追求个人幸福的理想之上的。因为成千上万的早期移民,为了寻找更好的生活,把他们对家庭、朋友和政府的忠诚抛在脑后。所以,难怪我们会发现自己在这两种理想之间有点纠结：一种是以坚定不移、持之以恒的奉献精神来履行我们的承诺；另一种是促使我们放弃束缚我们的绑带，勇敢地冒险进入未知的世界，希望找到一种更令人满意的关系和真实的生活。

> 除了我对人类的信仰之外，我觉得没有其他信仰的必要。
>
> 玻尔·S.巴克

如果在读完这本书之后，你，亲爱的读者，认为理性分手仅仅是为后者而提倡的，从而不经意地为了下一次引人入胜的冒险而抛弃了长期的爱，我会感到失望。因为我和你一样，听到那些为了家庭幸福而牺牲自己幸福的人的故事，我很感动。当人们以正确的理由做正确的事情，让他们的良心而不是他们当前的欲望支配他们的决定时，我会感动到哽咽。每当我看到一个忠诚和忠贞的行动，特别是当这个行动是为自己的家族时，我对人类的信心就会恢复。婚姻，以及长期、忠诚的结合是我们社会的美与支柱。当我们的伴侣不再符合我们心中的下一个人生目标时，我和任何人一样，对怀有抛弃他们的倾向而感到不安。就好像伴侣是庞蒂亚克（Pontiacs，一个汽车品牌）一样，一个人在无聊或累的时候，就把一个旧的型号换成一个新的，不用思考太多。

我并非声称自己知道应对现代婚姻压力的所有方法，这些压力中包括许多容易破坏长期爱情的因素——从更长的寿命（最近一期《时代》杂志的封面宣称，今天出生的婴儿可以活到142岁……想象一下，当结婚50周年纪念日被认为仅仅是婚姻的开始，当一对夫妻还在为爱而脸红的时候！）到来自我们对婚姻更高的期望值，到生活在这样的价值观中——在很多方面，对个人发展的重视超过了永久性，到生活在一个流动的社会中，在那里我们可能没有衍生家庭来帮助我们在困难的时候守望相助。

> 比起现实的人，新世界将由更了解爱的人创造……我们将通过为我们所渴望的世界而奋斗，来学习什么是可能的。
> 迈克尔·勒纳拉比

然而，有一些事情我可以肯定：不管我们是在一起还是分开，我们都想学会更多地重视我们的关系，并珍视它们，即使它们让我们失望，无法实现我们的期望。我们对彼此的承诺很重要，当我们打破或改变承诺时，以一种显示责任感、忏悔、尊重和补偿的方式来进行，是很重要的。最后，我们的共同故事是如何从这里展开的，完全取决于我们自己。我们漫长而黑暗的历史，伴随着毁灭性的分手和离婚，并不意味着我们一定要继续我们原始的、破坏性的、令人灵魂崩溃的行为方式。我们有意识、有能力进化我们在爱的尽头对待彼此的方式。我希望，我们理性分手，不仅是为了我们自己，也是为了对后代负责任。

无论我们对离婚的看法是好是坏，是对还是错，是道德还是不道德，都无关紧要。离婚正在发生。它将继续发生。尽管我们认为目前的高离婚率是有史以来最糟糕的，但事实是，在人类历史上，任何时候，当女性上升到与男性有平等的权利时，离婚率就会上升到今天的水平。这只是事实。当女人可以离开糟糕和平庸的婚姻时，她们经常这样做。因为我看不到美国妇女会很快回到依赖和被剥夺权利的状态，所以我认为我们可以放心地说，我们的高离婚率可能会持续一段时间。

> 爱的进化史是一部个人群体的历史，他们敢于接纳爱的全新表达方式，在面对反对时坚持不懈，直到爱的新形式被社会所接受。
>
> 杰夫·卡雷拉

> 除了我们的手,上帝没有手。
> 黛布拉·庞曼

通过提供替代对抗性、敌对性离婚的方案,理性分手会使一些人更容易离开他们的长期婚姻。为此,我深感悲痛。而且,作为一个关系专家,我怀疑我会在接下来的几年里致力于开发更好的方法来挽救关系,让关系变得更快乐,以此来弥补离婚这个不可避免的事实。然而,具有讽刺意味的是,尽管理性分手能使长期爱情变得更加可行,但也可能使其变得更加不可能。对于许多参与我提供的方案的人来说,他们会发现自己有更充分的能力去爱,并以更健康、更快乐的方式被爱。而且可以安全地假设,理性分手过程甚至会恢复一些关系——因为它强调成熟和成长,这可以让人们具备更好的能力,来修复他们试图离开的婚姻。

没有什么能让我更快乐,因为在一天结束的时候,无论我们是留下还是离开,底线都是爱。如果我们能找到方法,将我们的心痛转变为学习更好地爱我们自己和彼此,并在这个充满挑战的旅程中取得进步,那么亲爱的读者,我们所经历的一切,将是值得的。

理性分手原则

我们渴望拥有一种肯定生活的分手或离婚方式,这种方式的特点是真诚地努力让彼此和所有人都能很好地、健康地、完整地生活,并通过爱的分享而得到提升,不因关系的结束而受到伤害或减损。

我们不是互相羞辱和责备,而是肩负起自己的责任;

我们不是报复和仇恨,而是寻求原谅自己和彼此;

我们不是沉溺于贪婪,而是渴望以产生我们之间善意的、公正和慷慨的方式,考虑所有被卷入之人的需求。

在恐惧中,我们选择拥有信心;

在悲痛中,我们选择肯定生命的美好;

在充满挑战的问题中,我们选择寻找积极的解决方案,让每个人都能赢得前进的动力。

我们尽最大的努力,通过做出决定和采取行动,来取代任何可能的冲动，我们的唯一目的是，为被卷入的人带来健全的关系，促进他们心怀希望并治愈伤痛。

虽然承诺可能已经破裂，心在这过程中受伤，但我们仍然从根本上重视、尊重和欣赏作为夫妇在一起的时间；

虽然我们承认关系中的不足之处，但我们也承认人类关系的整体神圣性，并选择关注这场婚姻带来的好处，而不是停留在消极方面。

在这个温柔的过渡期，我们希望对我们自己、对彼此、对我们的孩子以及支持这场婚姻的家庭和朋友的广泛群体造成最少的伤害。

我们避免拉人站队，在适当的时候，支持我们的亲人们，与每个人培养一种健康的关系。

当孩子被卷入时，我们要把他们的需要放在首位，并努力创造出一个新的、全面的家庭系统，使每个人都能保持在一个大家庭里，而不是变成分散的家庭，孩子们可以很容易地从中分离。

在寻找解决我们所面临的问题的方法时，我们希望通过创建新的约定和家庭结构来促进关系的下一个健康愈合阶段的出现和发展,从而实现长期增长,而不是短期收益。

在考虑如何最好地分配资产和债务时,我们努力做到公平、合理和开放。记住,目标不是惩罚,而是保护和维系现有资产。

我们避免不必要的昂贵的诉讼,这些诉讼可能会造成无法弥补的损害和资源消耗,相反,我们会与专业人士一起努力解决我们的问题,他们可以帮助我们做到诚实、公平、甚至平衡。

最重要的是,在我们的痛苦中,我们为了正确的理由而努力做正确的事情,让我们的道德战胜我们的情感。我们认识到,在爱的尽头,我们可以有意识地发展我们集体行为的力量,以创造出我们渴望的更善良的世界,为我们自己、为我们的孩子和后代。

深深致谢

我不相信我能充分表达出对我所得到的支持的深度和广度的感激,这些支持使我得以将这部作品推向世界。首先,也是最重要的一点,我亲爱的朋友和十年来杰出的教学伙伴克莱尔·扎米特(Claire Zammit)对这部作品的创作给予了巨大的影响,她对文化的发展做出了积极的贡献,同时也有着非凡的清晰的思维能力。我衷心感谢你,克莱尔,多年来你一直支持和激励着我,让我在自己的内心创造出最高、最佳的东西。感谢克雷格·汉密尔顿(Craig Hamilton)慷慨地通过提供一个进化智慧计划来支持我发展这些想法。

感谢我在进化智慧方面的理性分手团队,朱丽亚娜·法雷尔(Juliana Farrell)、克瑞斯蒂娜·克拉维斯(Kristina Kravis)、布莱恩·汉密尔顿(Brian Hamilton)、阿什利·富勒(Ashley Fuller)、本·希克(Ben Schick)、凯蒂·拉森

(Katy Rawson)、克里斯蒂娜·克里纳(Christina Kriner)、凯瑟琳·麦卡锡(Katherine McCarthy)、特蕾丝·费特拉(Therese Factora)、西尔维·柯兰(Sylvie Curran)、卡米·埃伦(Cami Elen)、赛斯·阿贝乔恩(Sese Abejon),以及许多在这本书成形之前多年来支持这项工作发展的人。

感谢我杰出的文学经纪人,邦妮·索洛(Bonnie Solow),她指导了这部作品的每一步,并通过设置高标准,激励我发挥出我所拥有的最好的水平。感谢我的天才编辑希瑟·杰克逊(Heather Jackson),他是作家梦想中的编辑,感谢你的耐心等待,感谢你用你的天赋为这个项目提供帮助。同样感谢我在皇冠的整个团队,他们是我将这本书带入世界的合作伙伴。

非常感谢我杰出的助理研究员凯瑞·波恩博士(Dr. Karey Pohn),他对这本书的影响比我所能表达的更大;感谢埃伦·戴利(Ellen Daly)、布鲁·科恩(Blu Cohen)、詹妮·格拉丁(Jenny Gladding)、丽莎·斯蒂尔(Lisa Steele)、林迪·富兰克林(Lindy Franklin)和马西·莱文(Marci Levin)的深切支持。

感谢我的伟大的女性朋友们组成的光荣部落，她们展示着不同凡响的姐妹情与支持：阿兰妮斯·莫莉塞特（Alanis Morissette）、玛丽安·威廉姆森（Marianne Williamson）、马西·希莫夫（Marci Shimoff）、黛布拉·波曼（Debra Poneman）、阿里尔·福特（Arielle Ford）、杰内恩·罗斯（Geneen Roth）、珍妮特·阿特伍德（Janet Atwood）、苏珊·斯蒂夫曼（Susan Stiffelman）、詹·克莱纳（Jen Kleiner）、黛博拉·沃德（Deborah Ward）、戴安娜·伯迪克（Dianna Burdick）、温迪·扎勒（Wendy Zahler）、梅雷迪思·斯科特·林恩（Meredith Scott Lynn）、克里斯·福康纳（Chris Faulconer）、凯伦·艾布拉姆斯（Karen Abrams）、卡罗尔·艾伦（Carol Allen）、劳伦·弗朗西斯（Lauren Frances）、艾米·埃德斯坦（Amy Edelstein），还有（我能把我妈妈也归到女性朋友这一类吗？）桑德拉·普尔曼（Sandra Pullman）。

还要感谢我生命中那些可爱的人，他们给了我恒定的鼓励：马克·托马斯（Mark Thomas）、杰夫·卡雷拉（Jeff Carreira）、杰伊·莱文（Jay Levin）、鲍勃·克什

（Bob Kersch）、杰夫·布朗（Jeff Brown）、迈克尔·贝克维（Michael Beckwith）、布莱恩·希利亚德（Brian Hilliard）、杰里米·艾布拉姆斯（Jeremiah Abrams）、比尔·法伯（Bill Farber）、汉克·格鲁普（Hank Grupe）、托德·格鲁普（Todd Grupe）、理查德·法兰西（Richard France）和基特·托马斯（Kit Thomas），他们将短语神奇地转变，从而引发了全球对话。

感谢我出色、聪明的公关人员艾米丽·拉威（Emily Lawi），我杰出的导师唐·贝克博士（Dr. Don Beck），以及我慷慨而有天赋的教练乔尔·罗伯茨（Joel Roberts）。感谢罗素·罗西（Rose Rossi），凯里·坎贝尔（Carey Campbell），妮塔·鲁宾（Nita Rubin）和玛丽亚·弗洛雷斯（Maria Flores），感谢你们伟大的态度和有助益的行动。

感谢一直与我并肩工作的理性分手认证教练，尤其感谢那些支持数千人通过在线五周计划的教练：嘉娜·史密斯博士（Dr. Jana Smith）、珍妮特·韦伯（Janet Webber）、林德拉·赫恩·安东森（Lyndra Hearn Antonson）、玛丽·里兹（Mary Rizk）、梅丽莎·艾琳·莫纳汉（Melissa Erin

Monahan)、塞纳米·弗雷德(Senami Fred)、维多利亚·罗斯(Victoria Rose)、萨拉·威尔逊(Sara Wilson)、罗谢尔·爱德华兹(Rochelle Edwards)、苏珊·雷纳(Susan Reiner);尤其感谢莉娜·尚克林(Lina Shanklin),珍妮·伯德·罗梅罗(Jeanne Byrd Romero)和玛丽莲·海格(Marilyn Hager),他们从一开始就很坚强,也很坚定。

也谢谢你们,感谢我的召唤"救世主"和女性力量的认证教练们,尤其是那些"核心"教练,他们慷慨地自我奉献了太多:普莱姆·格莱登(Prem Glidden)、朱迪·沃特斯(Judy Waters)、朱丽·斯通(Juli Stone)、克伦·克拉克(Keren Clark)和简·韦尔滕(Jane Velten),以及"掌控女性力量"(Feminine Power Mastery)的姐妹们,特别是珍·科奇(Jen Conkie)和苏·莉特(Sue Little),她们一直让我备受鼓舞。我感谢你们,作为你们的老师,我很荣幸。

我也非常感谢格温妮丝·帕特洛(Gwyneth Paltrow)和克里斯·马丁(Chris Martin),他们慷慨地将本书介绍给了世界。

最后，感谢我的幸福家庭：马克（Mark）、亚历山大（Alexandria）、桑迪（Sandi）、唐（Don）、鲍勃（Bob）、芭芭拉（Barbara）、汉克（Hank）、斯科特（Scott）、托德（Todd）、安妮（Anne）、莎拉（Sarah）、凯（Kay）和凯利（Kelli）。我爱你们，非常感谢你们成为我们这个善良家族的一员。

作者简介

[美]凯瑟琳·伍德沃德·托马斯
(Katherine Woodward Thomas)

精神治疗师、作家,她与教育家克莱尔·扎米米特共同创办和推动了女权转化课程和女权共同体组织。在图书《遇见真爱》出版后,她还与克莱尔·扎米米特成立了"叩应另一半七周计划"的课程。目前,她与家人居住在加利福尼亚州洛杉矶市。

图书在版编目（CIP）数据

理性分手 /（美）凯瑟琳·伍德沃德·托马斯著；陶张欢译. -- 北京：中国青年出版社，2020.7

书名原文：Conscious Uncoupling

ISBN 978-7-5153-6101-7

Ⅰ.①理… Ⅱ.①凯… ②陶… Ⅲ.①恋爱心理学—通俗读物 Ⅳ.① C913.1-49

中国版本图书馆 CIP 数据核字 (2020) 第 124181 号

This translation published by arrangement with Harmony Books, an imprint of the Crown Publishing Group, a division of Penguin Random House LLC

北京市版权局著作权登记号：图字 01-2018-5329

版权所有，翻印必究

理性分手

作　　者：[美] 凯瑟琳·伍德沃德·托马斯
译　　者：陶张欢
责任编辑：吕　娜
插画作者：stano

出版发行：中国青年出版社
经　　销：新华书店
印　　刷：三河市万龙印装有限公司
开　　本：787×1092 1/32 开
版　　次：2020 年 8 月北京第 1 版　2020 年 8 月河北第 1 次印刷
印　　张：10.75
字　　数：180 千字
定　　价：79.00 元

中国青年出版社 网址：www.cyp.com.cn
地　址：北京市东城区东四 12 条 21 号
电　话：010-65050585（编辑部）